普 天 之 下 · 盡 是 好 書

普天出版家族
Popular Press Family

凌雲文創
A-Plus Creative Company

培根曾經寫道：
有些承諾比直接拒絕還要惡毒，也就是那些一開始讓你充滿希望，最後卻讓你徹底失望的空頭承諾。
因此，在這個口是心非的年代中，想要求人辦事，必須具備一點點的權謀和心機，千萬別做出那種把「珍珠」送到「豬」的面前，讓牠踐踏完之後，還反過來咬你一口的蠢事。

求人辦事厚黑智慧

THE WISDOM OF THICK BLACK THEORY

《活學活用厚黑學》二部曲

求人辦事必須知道的人性厚黑法則

王照 編著

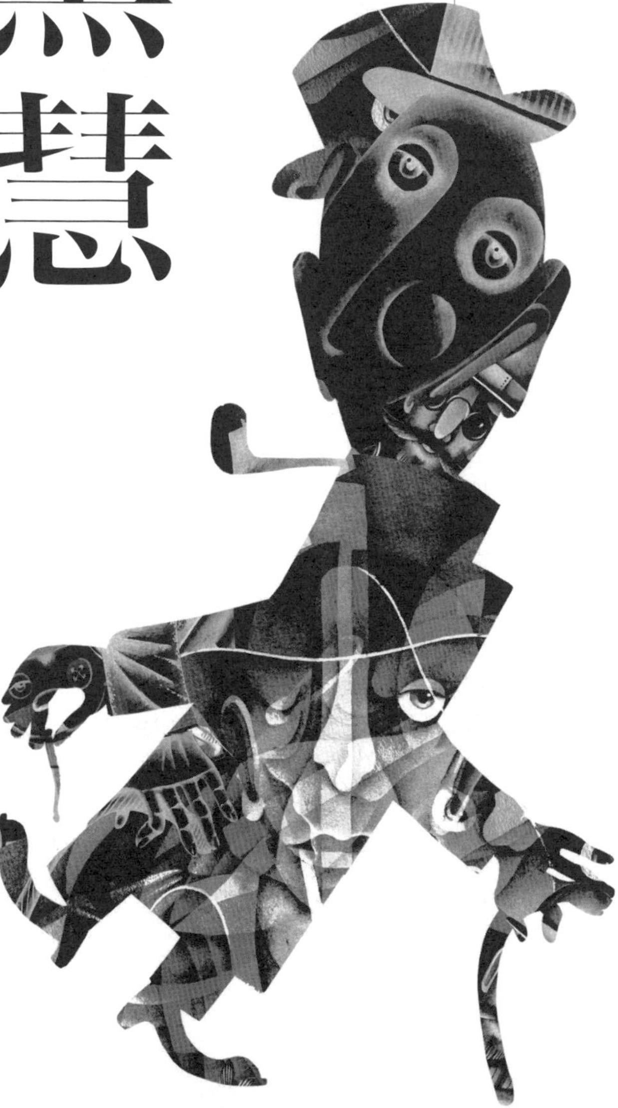

【出版序】

你不能不知道的生存厚黑法則

從來沒有一個世紀是愚騃無知之徒的世紀——他們充其量不過是任由豺狼宰割的羔羊；他們想擁抱時代，時代卻無情地吞噬、遺棄、嘲弄他們。

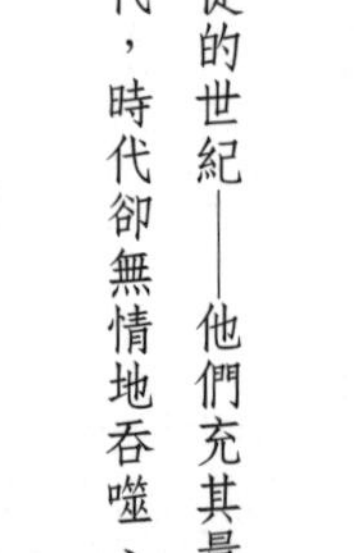

●王　照

想在競爭激烈的M型社會存活，你必須學會一些生存智慧；想在M型社會出人頭地，你更需要一些厚黑心機。

就本質來說，智慧和厚黑的內容是相同的，只不過是同一種應對模式的正反說法，岳飛用的時候，我們稱之爲智慧，秦檜用的時候，我們叫它厚黑。

古往今來的歷史經驗與生活教訓告訴我們：成功的秘訣就是智慧。唯有智慧才能使人脫胎換骨，也唯有智慧才能改變人生！

諸葛孔明向來被視爲智慧的化身，英姿煥發，才智溢於言表，手執羽扇頭戴綸巾，談笑間敵艣灰飛煙滅，何其瀟灑自如！他靠的是什麼？答案是智慧。

《西遊記》中的齊天大聖孫悟空護送唐僧前去西天取經，歷經九九八十一難，上天入地，翻江倒海，橫掃邪魔，滅盡妖孽，何其威風暢快，激動人心！貫穿整部《西遊記》的是什麼？答案還是智慧。

許多世界知名將領身經百戰，洞察敵謀，所向披靡，締造一頁頁傳奇。他們何以能叱吒風雲，在險惡的戰場屢建奇功？靠的還是鬥智不鬥力的智慧。

拿破崙橫掃歐洲大陸，如入無人之境；愛迪生一生發明無人能出其右，廣爲世人稱道，原因都在於他們懂得搭建通向成功的橋樑，擁有打開智慧寶庫的鑰匙。

當你前途茫茫、命運乖舛，輾轉反側卻不得超脫的時候，你需要智慧；當你面臨群醜環伺，想要擺脫小人糾纏之時，你需要智慧。

在你身陷絕境，甚至大禍迫在眉睫之際，想要化險爲夷、反敗爲勝，你需要智慧；在你萬事俱備只欠東風的時候，如何把握機稍縱即逝的良機，你需要智慧。

在你身處險境、危機四伏時，想躲避來自四面八方的暗箭，你需要智慧；在你春風得意馬蹄疾揚的時候，如何不緻中箭落馬，更需要智慧。

在十倍速變化的新世紀裡，古人所說的「離散圓缺應有時，各領風騷數百年」景況將不復出現，一個人的影響力、穿透力至多只能維持數十年。

我們當中，只有極少部分的人能靠著智慧和不斷自我砥礪，而獲得通往成功的通行證，絕大多數的人都將繼續在失敗的泥沼中跋涉，最後慘遭時代吞噬。

更殘酷地說，從來沒有一個世紀是愚騃無知之徒的世紀——他們充其量不過是歷史煙塵中庸碌的過客，或者任由豺狼宰割的羔羊；他們想擁抱時代，時代卻無情地吞噬、遺棄、嘲弄他們。

無疑的，二十一世紀是智者通贏的世紀，我們既面臨空前無情的挑戰，同時也面臨曠世難遇的機遇。

失意、落敗、悲哀無可避免地會降臨在那些愚騃懵懂、懦弱無能的人身上，這些人將成爲時代的棄兒，被遺棄在歷史的垃圾堆。

成功的機遇則會擁抱那些充滿智慧、行事敏捷、勇於進取的人；唯有這些人方能成爲時代的驕子，分享新世紀的光輝和榮耀。

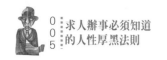

洛克維克曾經寫道：「狼有時候也會保護羊，不過那只是為了便於自己吃羊。」

在這個誰低下脖子，誰就會被人當馬騎的年代裡，如果想要生存下去，就要具備厚黑的智慧，既要通曉人性的各種弱點，又要懂得運用爲人處世的技巧。

活學活用系列要教導讀者的，就是在人性叢林中成功致勝的修身大法。

內容包含兩個層面，一是自我素質的快速提昇，透過吸收書中列舉的借鏡與知識，累聚各式各樣必備的智慧，增進自身的涵養；一是徹底摸清人性，修習爲人處世的技巧，運用機智、適當的手腕，適時發揮本身所具備的才能。

這兩者正是獲得成功的最重要因素，也是決定性的因素。

如果你不想淪爲時代的棄兒，如果你不想繼續在失敗的泥沼中寸步難行，那麼，活學活用系列，無疑將是你不可或缺的人生重要讀本。

輯一 給人留面子就是給自己留後路

無論是什麼人，都不願意別人揭自己的舊傷疤，所以當別人舊事重提時，憤怒就油然而生了。

輯二

打了一巴掌之後，記得給一顆糖

在言語上，你應該巧妙地讓下屬感覺到你的關懷，使他不對你記恨，而是把你的批評看作為一種激勵、一種鞭策。

輯三

沒有誠實的狐狸，也沒有吃素的老虎

緬甸有句諺語說：「世上沒有誠實的狐狸，也沒有吃素的老虎。」在這個誰也不肯承認自己有錯的都市叢林中，你必須隨時提醒自己，千萬別去踩到別人的痛處。

輯四

不妨拍拍部屬的馬屁

在辦公室裡擺起架子對部下惡言斥喝，也不過是想要他好好辦事，其實要達到這種效用，有時還不如「虛情假意」地哄哄他。

輯五

如何踩著同事的肩膀往上爬

你能不能踏著同事的肩膀順利往上爬，全看你是否平常就牢牢掌握了同事的心，這會影響到他們願不願意在關鍵時刻支援你，至少不要扯你的後腿。

輯六

要爭天下，必先爭人

爭天下必先爭人，而人才的來源除了要自己努力培養外，還要把眼光放在外面，從外地引進和挖掘人才。

輯七 充分授權給你信任的下屬

責任和權力是一對不可分離的孿生兄弟，領導人要使部下對工作負責，就得給他應有的權力，這不僅是對他的信任和尊重，更是讓他開展工作的主要條件。

PART 1

給人留面子就是給自己留後路

無論是什麼人，

都不願意別人揭自己的舊傷疤，

所以當別人舊事重提時，

憤怒就油然而生了。

你敢用別人不敢用的「人才」嗎？

即使你引進的人才無法幫助自己拓展事業版圖，也並不能說明你當初的決策是錯誤的，更不能停止自己今後引進人才的步伐。

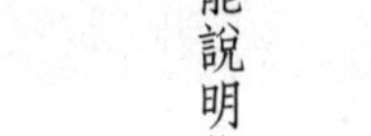

在選聘人才爲自己辦事時，愼重其事是應該的，但是，假使過於優柔寡斷只會使自己喪失眞正人才。

事實上，人才的優劣必須經過長時間的考驗，而且，任何人都不可能保證自己所聘用的每一個人，都能產生絕對的經濟效益。

唐代詩人白居易曾揮筆寫下千古流傳名句：「試玉要燒三日滿，辨材須待七年期」，意思是說，要驗證寶玉是眞是假，就得用火燒三天；要分辨一個人是不是貨眞價實的人才，必須等上七年。這無疑說明了識別事物的眞僞、鑑定人才的優劣，必須經過長時間的考驗。

想要成就一番大事，在選用人才時，要有敢冒風險的精神和廣厚的心胸，因爲，有關人才決策與其他決策一樣，不可能有絕對成功的把握。

有位知名的科技公司老闆曾經講過：「引進三個人才，有一個能發揮作用，就算是成功了。」這話很有見地，因爲一個成功人才所創造的經濟效益，足以抵消十個不成功的人事案。

但是，有人免不了擔心，花上這麼大筆的人事費用是否值得？假如招進來的是一個庸才或是根本做不出成果的蠢才，豈不是白白浪費金錢？

這時，你必須牢記一句話：「不管做什麼事，都不可能有百分之百的把握，但是，只要有七成把握，就可以試著去做。」

然而，實際生活中，許多企業在招聘人才時，缺乏的就是冒風險、押「賭注」的勇氣與膽識，在不該猶豫的時候思慮萬千，擔心上當受騙。

例如，人才各方面條件都很好時，就懷疑既然條件這麼好，原公司爲什麼還要放人呢？人才從環境好的公司到環境差的公司，他就更懷疑這其中有見不得人的「名堂」……總之，對所聘請的人才的眞實能力不敢輕易相信。於是，出現了這樣一個怪現象：沒有人才時就到處嚷著缺人才，當人才送到面前時卻又不敢用。

不能苛求自己引進人才之時，非得百分之百成功不可。如果你不敢大膽嘗試，就會把許多具有眞才實學的人拒於門外。

反過來說，你想要引進適合的人才，就必須有敢冒風險的精神，做好交學費的準備。從這個意義上說，即使你引進的人才無法幫助自己拓展事業版圖，也並不能說明你當初的決策是錯誤的，更不能停止自己今後引進人才的步伐。

厚黑智典

放風箏要逆風而行，而不是順著風走。在沈穩死寂中，任誰也休想有何作為。

——英國詩人哈瑞克

你是在磨練人才，還是折磨人才？

接受考驗、鍛鍊，吃苦受累，這無可非議，但是許多領導者只給員工準備了受苦的「條件」，卻並沒有提供學習實際本領的條件。

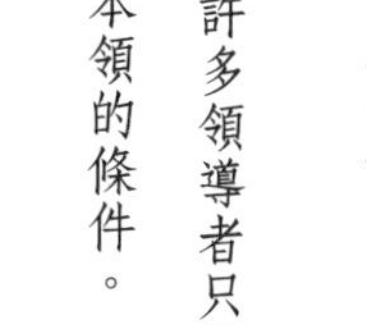

剛踏出大學校門、擁有較高學歷及文憑的年輕人，最容易犯的通病是：高傲自信，想急於表現自己的才能。

他們在具體工作上不墨守成規，銳意進取並積極創新，但往往急於求成，忽視檢討工作的正常步驟和品質的要求。正因如此，許多領導者都會把剛來的社會新鮮人先放到基層接受鍛鍊，讓他們的好高騖遠變成腳踏實地。

從理論上來說，這個思路和方法是正確的，但在實際工作中，執行起來往往卻變了調。爲什麼呢？

一是，許多中級幹部內心中，並不是真的要讓這些社會新鮮人接受磨練，而是帶有殺殺銳氣、給點顏色瞧瞧的意味。尤其是學歷不高、從基層爬起來的小主管，更抱有這種不健全的心態，他們會在心裡輕蔑地說：「哼，大學生有什麼了不起？沒有實際經驗，連一個工人都不如！」

接受考驗、鍛鍊，吃苦受累，這無可非議，但是許多領導者只給員工準備了受苦的「條件」，卻並沒有提供學習實際本領的條件。

二是，許多領導者把部屬從基層提拔上來，看作是自己對他們的恩賜，因此，就要求他們要服從領導權威。至於那些喜歡挑問題、不聽話的人，不管有多麼傑出的才華，也別想得到青睞和重用。

久而久之，得到了擢升的，並不是那些在基層苦學、找出問題的人，而是那些努力與領導接觸、只會討好上司的人。在這樣的用人環境中，人最可貴的稜角可能就會被磨圓。這對公司和他們本身都是一個損失。

一些知名的跨國公司，對待社會新鮮人卻是另外一種做法。

當畢業生來到這些企業，一般都能被安排到合適的位置，由於這些公司有完善的管理機制，以及先進的設備技術等，社會新鮮人即使在基層接受鍛鍊，對他們自己的專業知識和工作態度也是一種提高，再加上有較優厚的待遇，因此，他們都「樂在工作」。

這些跨國企業，還有完善的升遷機制，職務和待遇的提昇完全看個人的表現，而不是看員工和上司間的關係如何，今天幹得好，明天就有可能被提拔，這才是正確的用人之道。

厚黑智典

這個世界上充滿著許多心甘情願的人，一部分人心甘情願地為別人工作，另一部分人則心甘情願地讓他們為自己工作。

——羅伯特·弗羅斯特

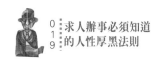

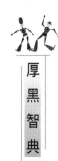

如何面對狂妄自大的部屬

狂傲自大的人雖然在某些方面、某個領域內才能出眾，但仍有他的不足和缺陷。因此，你也可利用這點來讓他看到自己的不足，讓他自我反省，減低自己的傲氣。

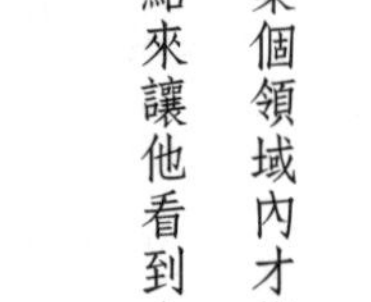

有的下屬仗著自己「才高八斗」，就目空一切、恃才傲物，誰都看不起，包括自己的上司。頭痛的是，他又有一手絕活，公司缺少不了他。在這種狀下，你只能掌握這種下屬的個性，並學會與他和諧相處。

一個人狂傲未嘗不可，有時候，狂還是一種優點。但是，太過狂妄就不太好了，狂大之中帶有妄想，或許這種人是個人才，但他卻自命不凡，以爲自己是曠世之才，前無古人後無來者。

如果一個下屬狂妄到這種地步，卻又不能開除他，那眞是教領導者頭痛萬分。

大凡恃才傲物的人都有如下的特性：

- 把自己看得很了不起，別人都不如他，大有「捨我其誰」的感覺。說話也一點不謙遜，甚至常常硬中帶刺，做事也我行我素，對別人的建議不屑一顧。
- 大多自命不凡，卻又好高騖遠、眼高手低，即使自己做不來的事，也不願看到或交給別人去做。
- 往往是性格怪異的自戀狂，聽不進、也不願聽別人的意見，不太和別人交往，凡事都認為自己才是對的，對別人總是抱持懷疑態度。

要跟這種下屬相處，必須先掌握他們的心理，然後採取有效的方法。

一是要用其所長，切忌壓制、打擊或排擠。

狂傲的人，大都有一技之長，否則，根本就沒人願意理會他。因此，你在看到他不好的一面時，一定要有耐心地與他相處，要視其所長而加以任用，絕不能因一時看不慣，就採取壓制的辦法。這樣，只會讓他產生一種越壓越不服氣的叛逆心理，當你需要用他的時候，他就可能故意拆你的台或扯你後腿。

因此，萬一你碰到這種人，就要想想劉備爲求人才三顧茅廬的故事，畢竟你是在爲自己的利益著想，而不是爲了別人的利益在忍氣呑聲，因此，在這種人面前，即使屈尊一下也不算太大的損失。

二是有意用短，挫挫他的傲氣妄念。

狂傲自大的人雖然在某些方面、某個領域內才能出衆，但仍有他的不足和缺陷。因此，你也可利用這點來讓他看到自己的不足，讓他自我反省，減低自己的傲氣。

譬如，安排一兩件做起來相當吃力，或者估計難以完成的工作讓他做，並事先故意鼓勵他：「好好做就行，失敗也沒關係。」

如果，他在限定的時間內做不出，你仍然和顏悅色安慰他，那麼，他就一定會意識到自己先前的狂妄是錯誤的，並會加以改正。

此外，狂妄自大的人，往往對自己說過的話不負責，信口開河說自己樣樣都行，其實他能幹的地方只一兩個方面。

領導者不妨抓住他喜歡吹噓的弱點，對他說：「這件事情全公司人都做不來，只有你才行。」而給他的工作，恰恰是他陌生或做不好的事情。

他遭到失敗是預料之中的事，失敗之後，同事肯定會嘲諷他，令他難堪，這時你要安慰他，不要讓他察覺你是故意要讓他出醜，這樣一來，他就會服服貼貼，雖然不可能改掉狂傲的脾氣，但你以後使用他的時候就順手多了。

三是要替他承擔責任，以大度容他。

狂傲自大的人由於總是認爲自己了不起，因此，做什麼事都顯得漫不經心，以表現自己是多麼厲害，隨隨便便就可以把一件工作做好，所以，常常會因爲這種心態而把事情搞砸。

這時候，你千萬不可以落井下石，相反的，要勇敢地站出來替他承擔責任，幫他分析錯誤的原因。這樣一來，他以後在你面前就不會傲慢無禮了，並會用他的特殊才能來幫助你完成工作。

厚黑智典

狂妄自大的人就像是隻公雞，認為太陽昇起的目的，只是為了聽牠啼叫。

——英國詩人艾略特

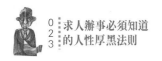

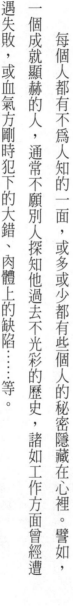

如何解除別人的心理武裝？

如果你的對手防禦嚴密，而且表現得毫不通融的時候，你不妨先洩漏自己的弱點，使對方解除戒心。

每個人都有不爲人知的一面，或多或少都有些個人的秘密隱藏在心裡。譬如，一個成就顯赫的人，通常不願別人探知他過去不光彩的歷史，諸如工作方面曾經遭遇失敗，或血氣方剛時犯下的大錯、肉體上的缺陷……等。

每個人都有自己的理由不願被人察知某些事，因此，便把個人的秘密便隱藏在心底，而且越藏越深。

正是由於個人的心事不願外露，所以人往往裝出一副毫無弱點的樣子來與人交往，時時刻刻小心翼翼地武裝自己。不過，如果我們在求人辦事之際，懂得適時解除自己的心理武裝，毫不掩飾地袒露自己的一些小缺點，對方自然也會以輕鬆的姿態和我們相交。

通常，人對於故意掩飾的行動，常會投以有色的眼光，還可能故意往壞的方面聯想。但如果我們本身不再掩藏什麼，而是坦誠相見，向對方表達信賴與好感，對方自然也會展現誠意。

退一步說，即使對方不懷好意而來，面對解除武裝、曝露缺點且採取低姿態的一方，也肯定會將惡意轉變爲好意。

如果你的對手防禦嚴密，而且表現得毫不通融的時候，你不妨先洩漏自己的弱點，使對方解除戒心。

即使經常以嚴肅態度板起臉孔拒絕別人的人，只要你轉變態度，以信賴的姿態與他們交談，也會使工作意外地順利進行。

這是因爲，人類一方面將自己不願讓人知道的秘密嚴密地隱藏，一方面又渴望將自己的秘密告訴某人。

其實，秘密是內心相當沈重的負擔，長久不安是很痛苦的事情，把心裡的不幸、不滿向相知的人傾吐，是人類本能的欲求之一。

法國思想家司湯達說：「向隨便什麼人徵求意見，敘述自己的痛苦，這會是一種幸福，可以跟穿越炎熱沙漠的不幸者，從天上接到一滴涼水時的幸福相比。」

揭露自我的缺點，可以巧妙地引導對方喚醒這種本能欲求，使對方向你透露本身的弱點和秘密，彼此之間的關係也會變得更融洽。

厚黑智典

勝利其實沒有什麼了不起，只不過是恰巧有一對鋭利的眼睛，敏捷的思維，和不管發生什麼事都毫不猶豫的性格。

——西區考克

你是別人眼中「失禮」的傢伙嗎？

給人良好的第一印象是非常重要的，有的人由於欠缺禮貌與涵養，以致於無法把握與人交流的方式，無形中失去了許多成功的機會，實在是相當可惜的事。

想要在關鍵時刻獲得別人的助力，平時就要有禮貌。

禮貌是形之於外的表現，禮節則是發自內心的風度。一個人在求人辦事、應對進退之時，除了表現得中規中矩、風度翩翩之外，還必須擁有一顆體貼的心，才不至於給人不自然或虛僞的印象。

體貼就是站在對方的立場著想，不增添他的困擾。

唯有輕易不打擾別人，彼此才能擁有和諧的人際關係。在人際互動中，必然要與想法不同、嗜好不同的人打交道，沒有適度的行爲規範，就會像一群想要互相親近的刺蝟，在親近對方的同時，自己和對方都受到刺傷。

常有人說道：「那個人沒有禮貌」或「那個人不懂禮節」，所謂禮節，並不只是外表文質彬彬、謙恭有禮，而是在與人相處的過程中，不使別人不愉快、不增添別人麻煩，對別人體貼關懷。

表達禮貌的方式，會因國家、地區、種族、習慣而有所不同，但無論如何，禮節就是對人充滿著體貼的心情，只要凡事替對方著想，不論身在哪個國家、遭遇到什麼人都行得通。

體貼，是禮節的最基本原則。

譬如說，吸煙有害身體健康，對不吸煙的人而言，更忍受不了煙霧之苦。因此，即使是在可以吸煙的地方談事，如果你想吸煙的話，也應該先向周圍的人打聲招呼：「對不起！」或詢問：「可以吸煙嗎？」

又譬如，參加隆重的宴會或出席正式場合時，如果你穿著邋遢的衣服，一定會使週圍的人感到不悅。

或許你會說：「我就是這樣，我高興怎麼穿就怎麼穿，有什麼不可以？」

問題是，在這種場合就是不可以隨便，如果你不喜歡穿著正式的服飾，就乾脆不要出席。

有時候，即使你非常用心要當一個有禮貌的人，但是如果不懂得體貼的形式或方法，就無法將心意傳送給對方，彼此的心靈也就無法相通。

出席正式場合，不懂該怎麼做才合乎禮節的時候，不妨好好觀摩別人的舉止，或者請教清楚禮節的人，這對你大有益處。

法國作家紀德說：「壞習慣的最大壞處是貶抑一個人的真正價值。」

給人良好的第一印象是非常重要的，有的人由於欠缺禮貌與涵養，以致於無法把握與人交流的方式，無形中失去了許多成功的機會，實在是相當可惜的事。

厚黑智典

很多偉大的戰略只不過是偉大的夢想，但是這些幻想比最精心構築的計劃，還要有創意，也還要有效。

——加拿大作家名茨勃格

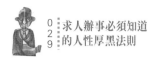

發飆之前不妨先忍一忍

你一定要管好自己的口，要牢記一句話：「沒有調查就沒有發言權。」見到問題時，先別忙著發怒和批評人，而是了解情況。

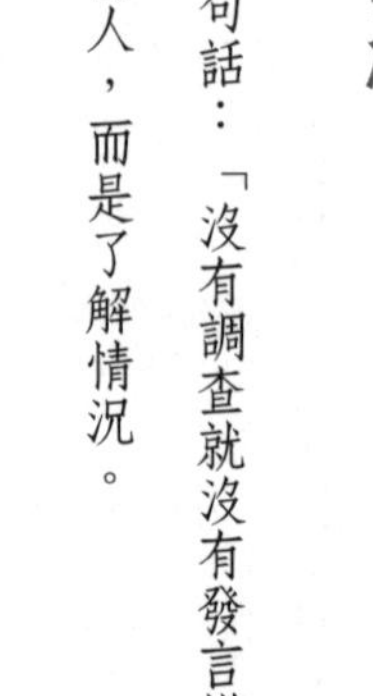

某企業的一個市場調查科長，因爲提供了錯誤的市場訊息而造成了企業的重大損失。犯了這樣難以彌補的錯誤，毫無疑問的，企業總經理可以不問理由地對他進行斥責，甚至撤職。

但是，這位怒上心頭的總經理，還是忍了忍，他想得先了解一下：到底是這位科長本身不稱職而聽信了錯誤訊息呢，還是由於不可預料的原因導致的？

於是，這位經理壓下了心中的怒火，只是心平氣和地把科長叫來，叫他把爲什麼判斷失誤的原因寫了分析報告交上來。

事情就這樣拖了一段時間，幾個月之後，這家公司因為這位市場調查科長提供的訊息研判極為準確而飽賺了一筆。

於是，總經理又叫人把那個科長請來，說：「你上次的報告我看了，你們的工作做得不太細緻，有一定責任，但主要是不可預測的意外原因造成的，因此公司決定免除對你的處罰，你也就不要把它再放在心上，只要以後記取教訓就行了。這一次，你做得不錯，為公司提供了重要訊息，我們仍然一樣地表揚你。」

說完，總經理從辦公桌裡拿出一個紅包遞給他，這個科長接過來時，不禁眼眶泛紅，從此更加死心塌地為公司做事。

身為領導者，在批評下屬之前，一定要把情況了解清楚：這個錯誤是不是他犯的，這個錯誤是由於主觀原因，還是客觀原因……等等。

如果你一看到下屬出了問題，就不管三七二十一痛加批評和指責，假如他真錯了，也許就默認了；但如果不是他的錯，肯定會對你滿肚子意見，雖然口頭上不說，但心裡一定怨恨：「你怎麼連情況都不問清楚，就隨便罵人呢？真差勁！」

因此，在批評人之前，一定要了解事實，在心裡問一下自己：「我不會搞錯嗎？」否則，亂指責人，不僅落了個亂罵人的壞名聲，事後還得向下屬賠禮道歉。

然而，就算是你能放下架子，坦率地向下屬說：「對不起，是我弄錯了」，下屬所受的傷害和內心對你的憎惡，卻很難一下子就冰釋。

如果你了解這個錯誤確實是下屬犯的，也還要進一步調查和思考：這個下屬該承擔多大的責任？錯誤的原因是不可避免的，是一時的疏忽，還是明知故犯？

因此，你一定要管好自己的口，要牢記一句話：「沒有調查就沒有發言權。」見到問題時，先別忙著發怒和批評人，而是了解情況。

這樣一來，主動權就操在你的手裡，你想在什麼時候、採取什麼方式對他進行批評和懲罰，完全由你決定。

厚黑智典

在你開口罵人之前，應該先把舌頭在嘴裡轉十個圈。

——俄國文豪屠格涅夫

給人留面子就是給自己留後路

無論是什麼人，都不願意別人揭自己的舊傷疤，所以當別人舊事重提時，憤怒就油然而生了。

所謂的「厚黑」，講究的其實就是寬容與圓融，因此，不管在什麼情況下，不管你多麼生氣，批評一定要對事，而不要對人。

俗語說：「樹有皮，人有臉」，所謂的臉，就是一個人的自尊。領導者在批評下屬時，一定要注意不能傷害下屬的自尊心。

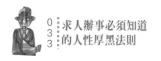

當然，不同的人有不同的性格，對於批評，每個人自尊心的敏感程度也不一，因此要視不同對象，採取不同方式批評。

對那些自尊心較強和敏感的人，你要儘量小心說話，對他們所犯的錯誤點到即止；對於那些臉皮比較厚的人，語氣則可以適度加重些，如此才能使他們意識到所犯錯誤的嚴重性。

傷害別人自尊是最愚蠢的行爲的，因此，一般人不會這麼做，但是，在情緒不好或是發怒的時候，就難以控制了。

譬如，你看到下屬犯了一個錯誤，也許並不那麼在意，但是心裡一煩，就隨口罵了一句：「笨豬！」

結果會是什麼呢？堅強一點的下屬也許什麼都不作聲，只在心裡默默地回罵，懦弱一點的也許就含著淚水離去。

爲什麼簡簡單單的兩個字會造成這樣的結果？

原因非常簡單，因爲你傷害了別人的自尊心。

每一個人都有自尊心，即使他們是在犯錯的情況下，也別以爲他們錯了，你就可以隨意地數落他們。

須知，在自尊和人格上每個人都是平等的，你如果不顧及下屬們的自尊，把他們逼急了，他們也會反過來刺傷你的自尊與尊嚴。

揭人隱私是最傷人自尊心的一種形式。每個人都有不為人知的秘密或隱私，在他過去的工作或生活歷程中，他也許曾犯下錯誤，甚至做過不光彩的事情。如果你知道內情，在你的下屬犯錯誤或和你有不同意見而出言頂撞的時候，你將會怎麼辦呢？是趁機揭人隱私，還只是就事論事？

一位聰明的領導者，是不會把別人過去的不堪情事一股腦地抖出來的，如果你這樣做，那你就太沒水準、太沒涵養了。

有些領導雖然不會把別人的隱私抖出，卻常常把它當作籌碼來壓制下屬。譬如，在盛怒的時候會說：「你少跟我鬥，你過去的黑資料還在我手中呢！」

可憐的下屬會因為的確有污點掌握在別人手中，只好忍氣吞聲，但他心裡卻是非常氣憤，於是，這種心情積累到一定程度，就會出現互相攻擊對方隱私的情況。

當彼此都把對方的隱私抖出來，弄得兩敗俱傷，除了引來一大堆人圍觀看戲之外，對誰也沒有好處。

因此，你要清楚，揭人瘡疤是最糟糕的行為。每個人都難免有傷痕，更何況，工作是工作，又何必牽扯到個人的生活和隱私上去呢？

也許有人會說：「我並不是喜歡揭他的瘡疤，但是，他的態度實在太惡劣，我才忍不住這麼做的。」

這話乍聽之下似乎有道理，但實際上只說明自己胸襟太窄。

你在態度惡劣的下屬面前，可以採取兩種方式：一是不理他，要不然就狠狠地教訓他一頓，如果的確有必要借助揭過去的污點教訓他的話，最好採用暗示的方法，說：「過去的事情我在此就不多說了，你自己心裡明白。」

這種點到為止的方法，通常會讓態度惡劣的下屬起警惕作用。

有一項調查指出，凡是喜歡翻舊帳的領導者，也喜歡把今天的事情往後拖延。這種拖拖拉拉的人，指責下屬也不乾脆，甚至當時根本就不表露他的批評態度，而在心裡說：「到時候，看我不整死你才怪！」

為什麼舊事重提會引起下屬們的厭惡和反感呢？這是因為無論是什麼人，都不願意別人揭自己的舊傷疤，所以當別人舊事重提時，憤怒就油然而生了：「好啊，你原來是一個愛揭人瘡疤的小人。」

這樣一來，不但他從此不再信任你，而且處處提防，形同仇敵。

當你對下屬說：「你不要以爲過去的事情沒有批評你，你就得意忘形了」或者諸如「過去的事還沒跟你算清，新的事又來了」的話，下屬肯定會心中發毛，認爲原來你是這樣的一個卑鄙小人，過去的事還念念不忘、抓住不放，看樣子，在這種人下面工作，是沒有什麼出頭之日了。

厚黑智典

大家都容易犯一個錯誤——勇於為他人定罪，但事實上，是勇於對他人的過錯加以攻擊。

——尼采

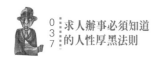

交淺言深會成為你的致命傷

只要你繼續給同事們「食餌」，儘量滿足他們的緊急需求，他們就不敢反咬你一口了，因此，無論多忙、多累，你都千萬不要鬆懈了這方面的努力。

想要使求人辦事的過程暢通無阻，平時就要建立良好的形象，和辦公室內的同事保持和諧而融洽的關係。

因此，和辦公室裡的異性交談的時候，應該注意到彼此的性別不同，而採取不同的談話方式。

同性別的同事交談，有時會隨便些，但若是和異性談話，就應該特別當心。當然，要注意的是男女有別，而並非處處設防、步步爲營。

譬如，辦公新來一位女同事，女性之間就自然會問起年齡、婚姻狀況，但若是男同事一開始就問這些問題，恐怕不僅是女同事本人，其他人也不禁要懷疑這個男同事心術不正了。

女同事與男同事談話時，應該態度莊重、溫和大方，千萬不要言詞輕佻，搔首弄姿，以免爲自己惹來不必要的麻煩。

男同事在女性面前往往喜歡誇大其詞，顯示自己有多大的本事，並愛發表自以爲超人出衆的思想，目的自然是引起對方的好感。對於這些浮誇不實的言語，女性都只能姑且聽之，不要過於相信。

如果對方嘮嘮叨叨說個沒完，實在令妳難以忍受，那麼大可藉機打斷他的話。同一辦公室裡，倘若對方不是交情深厚的同事，千萬不可肆無忌憚地暢所欲言。彼此關係淺薄、交情普通，你卻硬要和他深入交談，是件相當危險的事，有時會替自己招惹一些不必要的麻煩。

因此，在同一個辦公室內，要和週遭的同事搞好關係，談話時要考慮到親疏關係，對於交情普通的同事，大可只談天氣、政經局勢，少談自己的私事，也不要批評公司內部的重大決策；當然，這並不是要你與同事只保持表面上的客氣，平時工作上還是應該互相幫助。

要注意的是，儘量不要與窮極無聊的長舌同事議論別人的是非，更不可盡挑些上司、同事之間的八卦新聞東談西扯，這不但影響同事間的團結，同時也破壞了辦公室裡和諧的氣氛。

同事有時是工作夥伴，有時又是競爭的對手，這種說法雖然有點曖昧與矛盾，卻是不爭的現實。

你不妨明確告訴自己：「同事，就是與自己同時爭奪一件東西的一群人。」如此，你就清楚所謂「工作夥伴」的實際含意。也就是說，同事就是想在一場競爭中超越你的勁敵。

有了這種清楚的認識與定位，你就知道想要獲得同事的支援讓自己升遷，簡直就是一種高超的技巧。

但是，你仍然必須努力去嘗試，因爲，如果只有你才擁有晉升的希望，那麼其他的同事就不得不服從你。

從邏輯和現實層面來解釋，一旦你晉升了，就等於粉碎了他們的升官夢想，所以，他們覺得不愉快是理所當然的事。

另外，就情緒上來說，就像孩子們會嫉妒受到優厚待遇的兄弟姐妹一樣，同事們也會既羨慕又嫉妒你的「幸運」。

因此，如果你一向樂於幫助別人，經常滿足同事們的某些需求，掌握住他們的心思，那麼，他們就會拋開成見，全心全意支援你。

只要你繼續給同事們「食餌」，儘量滿足他們的緊急需求，他們就不敢反咬你一口了，因此，無論多忙、多累，你都千萬不要鬆懈了這方面的努力。

厚黑智典

想要取得成功，就得順應潮流，切不可不知變通地逆流而動。

——澳洲作家斯托里

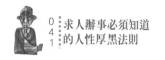

別在屬下的腿上拴一條繩子

信任的力量是無窮的，身為公司或單位的領導人，應充分相信和信任部屬的能力，否則，縱然自己做到累死，也難有大發展。

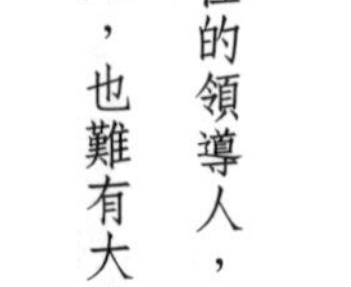

信任部屬是領導者的通行證。

一個團體或公司的大小事務，如果都必須由領導者一個人單獨去做的話，領導者縱使有三頭六臂也無可奈何，因此，必然得把一部分任務和責任交由下屬去完成、承擔。至於領導人對於部屬能不能充分授權，那就牽涉到彼此之間的信任問題。

有的人把任務分派給下屬後，依然喜歡事無鉅細地干涉和盤問，使得下屬處於爲難的境地，左也不是，右也不是。有的領導人則在提出辦事的大原則之後，對具體作法毫不過問，而是完全地交付下屬去完成。

比較這兩種不同的方法，很顯然的，第二種要高明得多，不但可以促進上司與下級之間建立和諧而信任的關係，也可以充分發揮下屬的積極性，檢驗他的思維和辦事能力到什麼程度。

相反的，那些不信任下屬的人，無異於在下屬的腿上拴一條繩子，看他們走偏了一點，就把繩子收得緊緊的，硬把他們拉回來。長久以往，下屬們自然不敢再走路，從而也就把他們的創造性、主動性也給抹殺了。試想，做上司的對下屬一點都不信任，下屬又怎能信任上司呢？

信任的力量是無窮的，身爲公司或單位的領導人，應充分相信和信任部屬的能力，否則，縱然自己做到累死，也難有大發展。

因此，你只應決定事情的大原則，其他的細節和過程部分都應交給你手下的人去辦理，他們在事情的細節方面，說不定比你了解得還要多。

但是，領導者在用人方面，自己一定要先進行考察，當你把任務交給下屬，並不代表你就可以把自己的責任推卸得一乾二淨，因此，如何用好一個得力的下屬是至關重要的。如果事情進行到一半，你忽然發現下屬的方向或方法完全錯，想再加以修正補救的話，不僅會影響到你的威望，而且會對公司造成損失。

因此，領導者在把任務交給下屬去辦理後，也要進行適當的調查和溝通工作，透過下屬的彙報、本身親自考察等形式來了解工作的進展。

所謂「用人不疑，疑人不用」，並非不察人而用人，而是察人之後把任務大膽地交給可信之人。

用人時要有「你辦事、我放心」的氣魄，在把任務交給下屬去辦理時，要使他們感覺到「這件事交給你去辦準沒錯」，他們就不僅會在工作上全力以赴，同時，也會自然地對你產生一種親近感和信任感。

厚黑智典

「危機」一詞譯成中文時，是由兩個字組成，一個代表「危險」，一個代表「機會」。

——美國總統甘迺迪

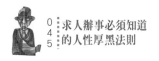

如何讓批評恰到好處

對於那些心懷不滿的下屬，除了要進行嚴厲的斥責，也不妨聽聽他的牢騷，然後，再針對他們的心理和錯誤進行有效的批評。

批評不應該永遠是暴風驟雨，也應該有和風細雨的時候，這才是求人辦事之時應該具備的最高智慧。

有時候，領導者對犯了同一種類型、同樣程度錯誤的人進行批評，但批評的效果卻完全不同，有的人接受了並積極改正，而有的人卻仍然我行我素，原因是什麼呢？就在於批評尺度太單一。

批評也要因人而異，因爲每個人對於批評的感受能力和敏銳程度，是有差別的。因此，批評的時候，除了要顧及下屬們的自尊心，還要對他們的心理和性格進行了解，並考慮對什麼下屬用什麼批評方式。

對於一個領導者來說，有兩種下屬會比較容易接受批評，一種是性子比較直率的下屬，一種是能力和魄力比較強的下屬。

當然，要注意一種比較特殊的情況，有些下屬在心裡已經承認自己錯了，但由於自尊心比較強，一時拉不下臉，所以口頭上才拒不接受。對於這樣的下屬，你的批評一定要適可而止。

直率和有魄力的下屬，接受批評後會很快地振作起來，因爲他們通常不會把別人的批評牢牢記在心上而產生對抗心理，也不會過度去聯想別人對自己的態度，一投入工作，就什麼都忘了。

至於性格軟弱的下屬則不同，批評得稍微嚴厲一點，他們就受不了，會長久地記在心頭，甚至以後碰到類似的問題，就畏縮不前、膽小怕事。但他們有一個特點，就是對於間接式的批評比較容易接受。因此，對於這樣的下屬，你只要採取提醒性的方式，點到爲止。

每一個團體都有一些心懷不滿的人，這樣的人最不好管理，也最不好差遣。因爲，他們的自尊心很強，對別人的批評也非常敏感。但相對的，他們對於自己所犯錯誤又認識不清，總認爲別人是在藉機找自己的碴，對別人的批評也是充耳不聞，當成耳邊風。

因此，當你批評這種人一定要注意方法，因爲一處理不好，說錯了話，讓他抓到把柄，他就會大吵大鬧，鬧得不可開交。

批評這種人一定要有充足的證據，並且可以採取非常嚴厲的批評手法，因爲只有徹底地整治他，他才會痛改前非。

有時，只用一種方法去批評很難奏效，可以從另一個角度試試，像對軟弱的下屬批評，除了前面所提的提醒式外，還可以採用鼓勵式的方法。例如對他說：「我希望你下次能發揮出你的全部能力來」，「我認爲這種工作品質並不代表你的正常水準」……等等。

因爲，這種下屬對別人的評價很敏感，即使你不全部把話說出來，他也會知曉你話中的眞正意思。

對於那些心懷不滿的下屬，除了要進行嚴厲的斥責，也不妨聽聽他的牢騷，然後，再針對他們的心理和錯誤進行有效的批評。

例如，倘使他認爲他在工作上所犯的錯誤並不大，是你爲了整他而故意誇大的，你就可以把事實和前因後果向他闡述清楚，並考慮到他愛面子的心理，對他說：「你本來可以幹得更漂亮一點，怎麼老是心不在焉的？」「要把工作和生活分開，你很會享受生活，但在工作上還要認眞一點。」

厚黑智典

凡是想要獨立肩負重責大任的人，最好都必須有幾分演員的才能。

——海卡爾

建立自己橫向聯繫的網絡

一個優秀的領導者不只是指揮部屬去做事，更重要的是，能夠創造出一個不削減眾人做事意願的場所，同時，還應集合各種不同的人才，激發他們獨特的想法。

本田汽車公司從只有十二個工人的小型工廠開始，只不過三十五年的時間，就急速發展成爲資本額四九〇億日幣，擁有三．三萬名員工的超大型汽車製造企業。

本田公司最令人吃驚的是，它以極爲獨特的想法，囊括了各式各樣的人才，爲公司創造出驚人的利潤。

本田公司和其他企業最大的不同在於，它的價值存在於人才輩出，而且擁有各種不同的個性。

一般的公司都是金字塔式的縱型組織，本田公司的創辦人本田宗一郎則說：「本田公司看起來就像火災現場，在這裡不論是誰，都必須能夠隨機應變，決定如何緊急取水或使用洋鐵桶等。」

本田宗一郎這番話，說明本田公司的組織架構和人際關係的網絡很相似。他們不是縱向的組織，而是全公司員工都能參加的開放性組織，是一種機動而且活潑的橫向聯繫組織。

其實，這樣的公司，才是最好的組織模式。

本田曾經推出一系列「不可思議的Civic」，這個車系，突破以往的常識，是具有劃時代意義的產品。

「不可思議的Civic」的設計者，從本田技術研究所中精挑細選出來，他們都是三十歲左右的年輕主任研究員。在開發這一系列產品的過程中，他們通力合作，既打破了禁忌，又締造了新的生產觀念。

本田販賣促進部主任井上鍵一說：「如果只等上級的指示，那麼，不管時間過多久，本田仍然是一事無成的公司。同樣的，如果不能很清楚的擁有自己的意志，則自我存在的意識就會變得淡薄。」

本田公司除了汽車部門及本田研究所表現優異外，其他各關係企業也都有各自獨特的提高業績能力。

本田的人才不論來自何處，都表現得非常卓越突出，因爲在這裡任職的人，都只重視才幹和能力，而不論背景、關係，這個事實可以從後來接任的幾位年輕社長的身上得到充分印證。

像本田公司這種橫向聯繫組織，年輕人能夠直接接觸重要的工作，無疑是培育人才的最好環境。

在這裡面的人必須能夠更自主地隨機應變，如果光是等待上級的指示，或是全體同仁都很客氣、拘謹的話，就不能互相激發潛能，成就一些創新的事。

本田公司的例子說明，不論是工作內容、構想以及方法，都只能靠自己提高。也就是說，「心裡想著自己是正確的」，才是凡事能夠貫徹到底的原因。

至於在一般的公司組織中，大部分成員都是由有領導能力的人來指揮，因此，大都心存「即使自己不動手，事情還是會有人做」的依賴心理，除非是因爲自己沒有去做而使集體遭受損失，他們才會心生警惕。

從積極的角度來說，一個優秀的領導者不只是指揮部屬去做事，更重要的是，能夠創造出一個不削減眾人做事意願的場所，同時，還應集合各種不同的人才，激發他們獨特的想法。

厚黑智典

只要你能持久地奮力爭取，充分利用有利的條件，最後，你就能夠達到目的。

——伊索

PART 2

打了一巴掌之後，記得給一顆糖

在言語上，

你應該巧妙地讓下屬感覺到你的關懷，

使他不對你記恨，

而是把你的批評看作為一種激勵、一種鞭策。

不要老是拿別人當替死鬼

如果一出了問題，你就把責任往下屬身上推，拿下屬做擋箭牌、替死鬼，那麼，毫無疑問的，這個下屬從此就有可能對任何工作都不再熱心。

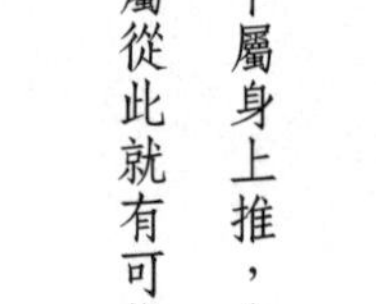

穿衣要看天氣，批評也要看場合。

批評下屬一定要注意場合，而且不能罵得像潑婦罵街。

因爲，是大部分人都不願意看到上司斥責部屬，不願看到自己的同事被責罵。當然，有的人會幸災樂禍，但大部分的人是會站在這個被責罵者一邊的。

不注意場合隨意批評人的領導者，不僅會傷了部下的面子和自尊心，也會壞了自己的形象和威信。

有的人喜歡在衆人面前斥責下屬，並不是因爲出於氣憤，而是想經由這種方式向上級、客戶或其他部屬表明這不是他的錯，而是某個下屬辦事不力造成的。

事實上，這種做法是相當幼稚的。

一是，你既然身爲一個部門的領導，就得對這個部門的所有事務負起責任。如果你一味強調自己不知情、沒有錯，只會使你在掩飾的同時，暴露出你的另一面缺失，那就是你管理不力，或由你所主持制定的管理規則不健全。

更重要的是，你的這種推卸責任的行爲，會讓其他的部屬看了心寒，他們會覺得你是一個自私、狹隘、沒有器量的上司。

二是，如果一出了問題，你就把責任往下屬身上推，拿下屬做擋箭牌、替死鬼，那麼，毫無疑問的，這個下屬從此就有可能對任何工作都不再熱心。

而且，他的心裡或許還會想：「好啊，這次你拿我當替死鬼，那我們就騎驢看唱本——走著瞧吧！」

更要命的是，如果你的部屬是一個急性子或脾氣暴躁的人，也許當場就和你針鋒相對，大吵起來。

這時，他也許會把你一些見不得人的黑幕給抖出來，然後揚長而去，當著那麼多旁觀者，誰的處境最尷尬？最終還不是你丟了自己的面子。

在發生問題的時候，即使你確定是下屬犯的錯誤，也應該把他喊到辦公室，在沒有第三者的情況下進行批評。

厚黑智典

在別人的藐視中獲得成功，是一件了不起的事，因為這不但戰勝了別人，也戰勝了自己。

——法國作家蒙特藍

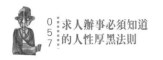

別用「監視」來樹立自己的領導權

不能把制度性的監督與用人多疑的「監視」劃上等號，要知道，只有監督約束制度得以嚴格執行，才能保障一個領導者用人不疑，疑人不用。

太平天國定都南京以後，天王洪秀全就驕矜自滿起來，不思進取，整天耽溺於酒色嬉樂之中。

在他的影響下，太平天國內部也發生了爭權奪位的現象，以東王楊秀清爲首的一批人，甚至滋生出圖謀奪取最高統治權的野心。最後才在洪秀全努力團結部屬、軍民上下一致的情況下，把這個陰謀給粉碎了。

後來，爲了重新突破清廷政府的軍事包圍，洪秀全大膽地啓用了李秀成、陳玉成等一批年輕有爲的將領，很快，太平天國又散發出太陽一般的光輝，流失的戰鬥力量也迅速地恢復。

但就在這個時候，天王洪秀全卻因爲楊秀清事件，而對於任何人都失去了信心，於是，藉口派他兩個無能的哥哥去協助李秀成和陳玉成管理事務，實際上卻是對他們軍權和行動進行監視。由於他們完全不懂軍事，而又好瞎指揮，結果，把整個剛有起色的局面又搞得一團糟。

在這種情況下，李秀成、陳玉成這兩個年輕的將領不禁心灰意冷了，認爲天王洪秀全既然不信任自己，那麼他們也沒必要再爲他拼死拼活，太平天國因此而一蹶不振，最後難逃覆滅的命運。

再如，有一個生產手機的小企業，原是美國著名品牌摩托羅拉的代理商，後來見到市場的手機需求量很大，便投資建了一個百多人的小廠。廠長、人事經理、生產部主管、採購主管等，都是由當年一同打天下的親戚、朋友們擔任。

但是，工廠運作了一段時間之後虧損相當嚴重，老闆左思右想，覺得是人才方面出了問題，於是，決定在人才市場上進行招聘。

果然，這家企業很快地就走出了低谷。但令人非常遺憾的是，老闆頂不住那些親戚朋友的壓力，並沒有把原先的人馬全撤換掉。面對新舊兩路人馬，老闆竟想利用「老人」監視「新人」，又利用「新人」監視「老人」，於是新舊兩路人馬為了爭取老闆的信任，都充當老闆的「警察」。

老闆沾沾自喜，以為所有的人都在他的掌控之中，卻沒想到，這樣做的最終結果是，企業陷入癱瘓的絕境。

因此，一個明智的領導者一旦把一件任務交給下屬後，就不要再疑神疑鬼，也不要對過程和具體方法進行干涉，更不要經常偷偷地派人在部屬身邊進行「蹲點」，搞「小報告」。因為，一旦你的下屬知道後，他們就會對你產生極大的反感和厭惡，認為你原來是這樣的一個小人。

其結果是，你不得不親自出面來安撫這些下屬，平息他們的怒火。

正確的做法是，你可以光明正大地到他們中間去走走，關心他們，幫助他們解決棘手的困難，他們也就會樂意地把情況和進展向你彙報。

必須注意的是，我們說「用人不疑」，必須以「疑人不用」為前提。所以，你不能把重要任務交給未通過「信任度」考驗的下屬；一旦你決定將任務交給可信之人，就不要疑神疑鬼了。

任何一家公司，凡是涉及鉅額現金及財務帳目等事務，領導者一定要交給自己所認定的「可信之人」，並且，得有一套嚴密的制度來制約他們的行爲。

我們不能把制度性的監督與用人多疑的「監視」劃上等號，要知道，只有監督約束制度得以嚴格執行，才能保障一個領導者用人不疑，疑人不用。

厚黑智典

成功法則其實很簡單，只要在正確的時間，用正確的方法，做正確的事即可。

——格拉梭

寬容敵人是有利的感情投資

為了一己之利，不用具有真才實學的人，而用那些阿諛獻媚之輩。像這種只會玩弄權術的領導者，想幹一番轟轟烈烈的事業，是萬萬不可能的。

一般來說，一個成功的人物總是把自己的志業放在第一位，只要有利於本身事業發展的，都願意去做。因此，在日常生活中，即使碰到了昔日與自己有過間隙的仇人，也不會盲目地爲洩一時之忿而去報復。

相反的，如果這位昔日的仇人是個人才，他還會積極加以網羅，根據他的長處委以重任。因爲他知道，對仇人的寬容，其實是一種非常有利的感情投資，它能使他產生一種強烈的報答心理，因爲人總是有感情的。而且，他還會比一般人更積極努力，以此來回報主人的寬宏與大量。

中國歷史上有許多類似的事情，例如，春秋五霸之首的齊桓公，曾在趕回齊國即位途中，差點被競爭對手公子糾的謀臣管仲用箭射死。

後來，他歷經磨難最終回到齊國當了國王，此時，管仲已逃到了魯國。按照常理，齊桓公不派人追殺他已是夠肚量的了，但是，齊桓公卻拋棄前嫌，派一名重要官吏去魯國把管仲接回來，並下令清掃宗廟，大擺宴席，以迎接他的歸來。管仲歸國不久，齊桓公又拜他爲相國，位列九卿之上。

果然，管仲爲齊桓公對自己的態度而感動萬分，發誓報答他的恩情，在管仲輔佐和治理下，很快的，齊桓公由一個中小國家的君主，搖身變爲「春秋五霸」之首。

另外，中國歷史上還有一個非常有名的「舉才不避私，薦能不避仇」故事。解狐向趙國國王趙簡子推薦他的仇人擔任相國這一重要職位，他的仇人以爲這是解狐爲了拋棄私怨才這樣做，因而心存感激前往拜見。

解狐卻對他說：「我推薦你是出於公，是因爲你有能力能勝任這個職務，而並不是爲了了卻我們之間的私怨，我不會因爲私仇而壞了公事。」

此外，解狐還推薦昔日的仇人邢伯柳擔當上黨郡守這一重要職務，邢伯柳前往感謝。解狐也對邢伯柳說：「我舉推薦你，是出於公；仇恨你，是我的私事，我不會因爲舉推薦了你，就不再計較私怨。」

這是歷史上著名的公私分明的例子，也是古代人才理論的典範。解狐沒有因爲他人和自己有私仇，就扼殺和埋葬別人的才幹及前途，這是何等開闊的胸襟？

因此，領導者用人之大忌是：用人的出發點不是爲「公」，而是爲「私」，爲了一己之利，寧可犧牲集體和下屬的利益；爲了一己之利，不用具有眞才實學的人，而用那些阿諛獻媚之輩。像這種只會玩弄權術的領導者，想幹一番轟轟烈烈的事業，是萬萬不可能的。

厚黑智典

很多被認為荒謬舉止的背後，其實都隱藏著明智而且有力的動機。

——法國作家拉勞士福古

你敢用和自己不同見解的人嗎？

反對者的意見往往能彌補你的不足和缺陷，能察你所未能察，想你所未能想。敞開心胸任用他們，又有什麼不好呢？

有一個小故事說，一個老師問學生：「我手中有一個蘋果，你手中也有一個蘋果，現在我們來交換，那麼每個人有幾個蘋果？」

學生答：「還是一個。」

老師繼續問：「如果你腦中有一個思想，我腦中也有一個思想，交換之後，每人有幾個思想呢？」

學生思索後回答：「兩個。」

的確，拿一個蘋果與人交換，你仍然只一個蘋果，然而，如果你懂得拿一個思想與人交換，你卻有了兩個思想。

這個故事本身或許很平淡，卻蘊含著深刻的道理，它強調人應該時時和別人交換看法，因爲這對彼此都是有利的，不但可以豐富自己的見識、思考模式，甚至還可以修正自己的錯誤。

一個人能力再強，學識再淵博，總會有不足之處，而自己往往又很難發覺得到，這就有賴於有不同的意見和看法來補充、修正。

但現實生活中，有些領導者卻不這樣認爲，反而覺得別人，尤其是自己的部下提出不同的意見，是目中無人、不服從領導的表現。其實，有這種不成熟想法的人，才眞是大錯特錯。

大家也許聽過「派克鋼筆」這個品牌，它曾經是一種很有名氣的高級鋼筆，由美國一家鋼筆廠生產。但在創立這個品牌之前，這家公司曾走過一段冤枉路。

當時，老闆決定走低價鋼筆路線，但遭到了一些人反對，因爲他們覺得鋼筆是耐用品，又是人們的隨身之物，消費者樂意多花一點錢來買好鋼筆。

但老闆卻沒採納這些不同的意見，結果，當產品進入市場時，果然銷售不佳。

最後，老闆無奈之餘，只好又把以前反對的人請回來，重新設計和定位全新的高級產品，命名爲「派克」鋼筆，投入市場後，終於創下傲人的銷售業績。

由此可見，敢不敢用和自己不同見解的人，不僅反映領導者的心態、胸襟，更重要的是，它對領導者的事業興衰關係重大。

反對者的意見往往能彌補你的不足和缺陷，能察你所未能察，想你所未能想。敞開心胸任用他們，又有什麼不好呢？

厚黑智典

一個新的想法是非常脆弱的，它可能被一聲嗤笑或一個哈欠扼殺。

——美國作家布萊爾

設法加強部屬的敬業精神

領導人應該教導部屬的基本概念是：假若我們每一個人都能在工作上兢兢業業，並能做到把敬業變成習慣，那麼，不但個人受益，整個的社會也會受益。

報紙上曾經刊載過一位企業經理人的感慨，事實上，這也是大多數企業所面臨到的難題。

他發牢騷說，現在的年輕人根本沒有敬業精神，工作的時候漫不經心，犯了錯不能說，多批評兩句便一甩頭走人……

他埋怨說：「現今時代，肯虛心學習、苦幹實幹並且認眞負責的人，實在是太少了。」他還憂心忡忡地說：「再這樣下去，我們這個社會怎麼前進？」

我們的社會的確有值得擔憂的一面——敬業精神不夠。

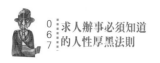

領導人應該教導部屬的基本概念是：假若我們每一個人都能在工作上兢兢業業，並能做到把敬業變成習慣，那麼，不但個人受益，整個的社會也會受益。

所謂「敬業」，就是敬重自己的工作。

對待工作，一般來說會有兩種心理特徵。

一種是低層次的心理，即消極性的「拿人錢財，替人消災」，也就是工作只是爲了對僱主有所交代。

還有一種是高層次的積極心理，即把工作當成自己分內的事情，甚至從內心產生一種使命感和優越感。

不管是哪個層次的心理狀態，「敬業」所表現出來的就是認眞負責。認眞做事，一絲不苟，並且有始有終。

一般人到社會上做事，都是爲了僱主而做，並且認爲這是很正常的道理，「你出錢，我出力」是天經地義的事。

不過，有些人則不這樣想，工作之時只要能混就混，能夠偷懶就偷懶，心想反正公司倒了又不用我負責。

然而，事實上，這種心態對個人來說並沒有什麼好處。

領導人必須明確告訴部屬：「敬業」二字從根本上來說，其實是爲了自己。因爲，凡是敬業的人都能從工作中學到比別人更多的知識和經驗，而這些知識和經驗便是通向成功的階梯，就算以後改行，自己所累積的工作經驗也必然會爲自己帶來益處。因此，把敬業變爲自己習慣的人，從事任何職業都容易成功。

厚黑智典

我從來不把安逸和快樂看作生活的本身——這種理論基礎，我叫它豬欄的理想。

——愛因斯坦

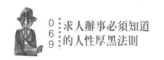

別讓部屬的靠山成為你的障礙

沒有能力卻又依仗靠山的下屬，倘使你過分地遷就他們的話，其他的下屬就會喪失對你的信任和好感。但是，你不給他一定程度的職務，又擔心會惹惱他的靠山，以後的日子就不好過了。

身爲一個領導者，千萬不要刻意去討好有後台的部屬，但也不要表現出不屑一顧的模樣，如此才能駕馭他們。

假若你是一家公司的部門主管，而偏偏你的手下之中，又有一位上頭有靠山的下屬，譬如說，他的某一位親友是你的頂頭上司，或者他的家人在某某重要政府部門工作，那麼，你該怎麼使用這種人呢？

首先，我們必須理解，許多有後台的下屬，本身可能有眞才實學，並不一定是靠攀關係、走後門進來的。

碰到這種有靠山又有能力的下屬，就是你的福氣了，你完全可以借助他的關係和能力來幫自己做好工作。你應該注意的，只是如何使用和提拔他，給他安排一個重要的職位，放手讓他去幹，同時和他保持密切的聯繫，如果他做出了一番成績，對誰都有好處。

但要留意的是，千萬不要當著其他下屬的面，跟他過於親切，也不要有那種討好他的表現，否則你會讓人瞧不起。

最怕的是那些沒有能力卻又依仗靠山的下屬，倘使你過分地遷就他們的話，其他的下屬就會喪失對你的信任和好感。但是，你不給他一定程度的職務，又擔心會惹惱他的靠山，以後的日子就不好過了。

因此，你要盡可能不與他爲敵，但也不能在衆人面前討好他。你萬萬不能在上班時或在公司裡和他套交情，當然，在私下場合「關懷」他一下是有必要的，否則他一定會設法破壞你的好事。

這種有後台而又沒有眞才實學的人，如果想擔任某種職務，你不妨滿足他，職務可以高些，但不要給他具體權力，讓他多半閑著，或任他出差遊山玩水，這樣總比讓他待在公司裡把事情做糟要好得多。

此外，你還要經常強調他做的事情有多麼重要，使他覺得自己受到重用，而不覺得你安排的是個可有可無的虛職，這樣他才不會找機會報復，或是有事沒事就來扯你的後腿。

厚黑智典

沒有行動的信念不是信念，它只能是一種自負，信念只有在積極行動之中才能夠生存。

——法國哲學家安格爾

用人應只用他的寶貴優點

有一種人像埋頭苦幹的老牛，做事有很強的原則性，但靈活性不夠，有事就做，根本不分輕重緩急，也不會考慮如何把工作做得更快捷，更有效率。

世界上沒有無用的人，只有不會用人的人。

在一個公司或團體中，有些人的想法如天馬行空，什麼事都想搞一點新花樣，當然，也有一些人天生就缺乏創意，一言一行都中規中矩，上司下達什麼命令，他就完成什麼動作。

這種中規中矩的人往往沒有突出的貢獻，對新事物、新觀點的反應也較慢，凡事都愛找過去的經驗來做依據，做事的方法很死板，只知遵守舊有的規則制度，不知道靈活運用。

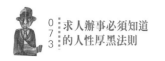

對於這種人，你要在看到他們缺點的同時，也看到他們的寶貴優點。

雖然這種人缺乏遠見，潛力不大，不足以委以開創性比較強的工作和職位，但是，他們有一個共同的特長，就是做事認眞負責，容易管理、差遣，也不會擅自改變你的規劃，不會犯下什麼重大錯誤。

因此，你應該把一些比較瑣碎的事交給他們去辦，通常他們會按照你的指示去做，而且做得很好。

另外，有一種人像埋頭苦幹的老牛，雖然他們在工作上非常地勤奮，能一絲不苟地執行上級交給的任務，有很強的責任心，可是在速度和效率上卻是出奇的慢，慢得叫人難以忍受。

此外，他們做事有很強的原則性，但靈活性不夠，有事就做，根本不分輕重緩急，也不會考慮如何把工作做得更快捷，更有效率。

那麼，你該怎麼對待這種人呢？

自然，不同的領導者有不同的看法，但一般而言，大部分的領導還是會善待他們，只不過不會給以重任。

因爲，他們畢竟沒有功勞也有苦勞，他們工作時兢兢業業的態度，本身就是一種值得認可的精神，即使他們對自己的貢獻並不大，但是在物質上、精神上仍應給以適當的獎勵。

一般來說，你沒有必要提升他們，頂多替他們安排一些管雜事的小職務，他們是絕對不能獨當一面的，給他們安置一些繁瑣但又無關緊要的工作就行。

厚黑智典

只懂得墨守成規的人，不可能在商業界獲得任何實質而且持久的成功。

——石油大亨保羅．蓋提

打一巴掌之後，記得給一顆糖

在言語上，你應該巧妙地讓下屬感覺到你的關懷，使他不對你記恨，而是把你的批評看作為一種激勵、一種鞭策。

只知一味斥責下屬而不懂安撫的人，是不合格的領導者。

眞正優秀的領導者，在痛斥部屬之後，總會不忘讓他消消氣，補上一兩句安慰或鼓勵的話。就像父母打小孩，小孩號啕大哭之後，父母就會給他一兩顆花花綠綠的糖果或點心，這就叫「打一巴掌還要揉三揉」。

做領導人也應該這樣，因爲，任何下屬在遭受頂頭上司批評後，心中都不好受，有時甚至會想，他是不是對我有什麼成見了。在這種情況下，你若能適時地鼓勵和寬慰，那麼下屬就會很快振作起來。

譬如，你可以在批評他的當天晚上打電話給他，跟他好好的聊聊，讓他寬寬心，那麼他不僅會體諒你，而且，你主動打電話，他也會覺得很有面子而感激你。

或者，你還可以私底下對和他關係密切的部屬說：「我是看他有前途、能夠進步的那種人，所以才批評他，雖然方式不太好，但出發點是爲了他好啊！」

若那個人把你的話轉達給被批評者，他就會恍然大悟：「原來，他是爲了我好啊，看來，我錯怪他了。」

當然，在言語上，你應該巧妙地讓下屬感覺到你的關懷，使他不對你記恨，而是把你的批評看作爲一種激勵、一種鞭策。

如果他仍然對你心存疑慮，這時，你就應該在工作上繼續表現出對他的信任來，使他感覺到你的批評的確是在幫助他，而不是他所想像的那樣是在整他。

這樣一來，他的疑慮就會逐漸消失，對你的信任也就會慢慢增強。

要切記的是，你是在安撫和寬慰你的下屬，而不是在向他求饒，如果你表現過了頭，讓你的下屬感覺到你是在向他求饒，這可就變成最大的失敗了。它不僅無助於你在下屬心中樹立威信，反而會使他覺得你很好對付。

因此，你在安撫下屬的時候，有兩個要特別注意的地方。

一是不必當面向下屬解釋爲什麼斥責他，只要你確定錯誤的確是他犯的，你批評他，他自然就會明白。特別是不能隨便向他道歉，除非你的批評完全搞錯了對象。

二是，不要反覆幾次地對他進行安撫，一次、二次，下屬還會感動，次數多了，他就會覺得好笑，覺得你一點魄力也沒有。

厚黑智典

所謂的勝利者，往往就是從堅持最後的五分鐘的時間得到成功。

——牛頓

容許犯錯才可能成功

允許下屬們犯錯誤，既是體現了管理者對他們的寬容和鼓勵，也是幫助下屬們走向成功的必經途徑。

給下屬表現的機會，往往也就是給自己更上層樓的機會。

美國海因茨公司有一家專門經營冷凍食品的子公司，爲了鼓勵員工在研究工作中樂於承擔風險，採取了一項頗令人驚奇的新做法。

這家公司首先很詳細地規定了什麼是「完美的失敗」，每次發生這種「完美的失敗」時，都要鳴炮以示慶祝。

當然，這種做法可不可取是見仁見智的問題，但是，該公司對待錯誤的態度卻可以當作借鏡。

因為，只有允許犯錯誤，才可能成功，在每一項新技術成功的背後，都有著多次的失敗。例如，大家熟知的化學物品「六〇六」，就是在失敗了六〇五次後才獲得成功的。

如果只允許員工成功，而不許失敗，在某些特定的情況下，一次或二次還行，次數多了，恐怕連再好的下屬或員工也會受不了。

因此，允許下屬們犯錯誤，既是體現了管理者對他們的寬容和鼓勵，也是幫助下屬們走向成功的必經途徑。

許多領導者在管理中最容易犯的一個毛病是：對於下屬所犯的錯誤，只懂得指出或批評，而卻不願幫助他們糾正。

事實上，這種方法是非常有害的，它切斷了上、下級間的有效的溝通，對企業將產生不良後果。

眞正高明的領導在下屬犯了錯誤後，會幫他們分析問題的癥結，以免再犯相同的錯誤。在從事一些特別任務，如進行技術創新時更應該如此。

像美國的３Ｍ公司、普林公司和壯生公司，他們的技術創新都由一個獨立的部門負責。在研製一項新技術的過程中，需要花費大量的人力、物力，甚至於到最後還有可能失敗和放棄。

但是，無論結果如何，這些試驗人員不承擔風險，即使失敗了，他們仍然可以回原來崗位上班，享受原有的待遇，除了對以前的試驗做必要的分析、總結外，不受任何行政和薪資上的處罰。

厚黑智典

人類真正的差別就在腦力，具備超人的腦力加上無法撼動的決心，造就一個人的成功。

——投資理財專家L．科比爾

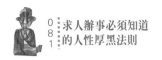

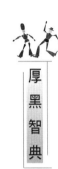

自以為是的主管不能用

部門主管要有輔佐領導者開拓最得意領域的能力。作為領導者的助手，要有彌補領導者短處的長處，或有時候要代理領導者處理某方面的重大問題。

部門主管是一個領導者最得力的助手，也是最關鍵性的副手，素質的好壞直接關係到整個事業的興衰，因此在選用的時候，不得不特別加以考量和關注。

部門主管相對員工來說，是直接的領導者，但對上司來說，他們又是下屬和助手。對於這種特殊的角色，在聘用他們時，必須進行綜合性的考量和慎重的權衡。

無論是什麼類型的公司，部門主管與上司、下屬之間能不能保持和諧的人際關係，是很重要的。

部門主管要成爲領導者得力的助手，首先必須與領導者性格相投。部門主管要能夠理解領導者的情緒變化，不要有過多的被人使喚或命令的怨氣，更不能認爲自己在一人之下，萬人之上，而在下屬面前擺譜，顯示自己不可一世，或是在單位內部搞派系，不把領導者放在眼裡，甚至想架空領導者。

主管確實應有一定的權力，但不能以爲自己能做到的事情就不需向領導者報告。

其次，部門主管要有輔佐領導者開拓最得意領域的能力。作爲領導者的助手，要有彌補領導者短處的長處，或有時候要代理領導者處理某方面的重大問題。所以在選用部門主管的時候，最好選擇能發揮自己長處的人。

此外，主管提升員工時，不能憑個人的感情用事。否則，就這樣一來，不僅浪費了人才，還使一些性格不合主管意願而有眞才實學的人離去。

厚黑智典

自認從不做蠢事的人，其實並不如自己所想像的那麼聰明。

——拉勞士福古

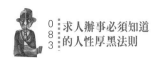

用「書櫃」來包裝你的形象

在辦公室裡擺設一些「一本正經」的東西，其實可以建立自己值得信賴的正面形象，增加公關效果。

一個人會不會「做人」，從辦公室的佈置就可以看出一二。

一般的辦公室，辦公桌後面通常是放置文件和書籍的牆櫃。

對有些人來說，這個牆櫃只是用來放放文件，但對懂得求人辦事技巧的人來說，它可以是公關工具，而且是「具有攻擊性的公關工具」。

有個朋友辦公室書櫃裡的書幾乎清一色是精裝書，多數是工商貿易和財經企管類的專門書籍。書架裡也擺放了一些政治、經濟方面的刊物，另外，也擺放了一張一家三口的照片。

他深諳求人辦事的技巧，妥善地善用這個書櫃，達到公關作用。

例如，區區一張全家福照片，便已告訴了每一個人，這個辦公室的男人，是一個愛護家庭的男人。

儘管這位朋友平常其實有不少不爲人知的「夜生活」，但在辦公室放置一張家庭照片，卻建立一個愛家的形象。

那些書報雜誌選得更有「學問」，因爲在一家公司裡，能夠在熟悉本身業務的同時，關注經貿金融等業務資訊，便給人一種「有學識」「求上進」的印象，這種人通常會被視作忠實可靠的商人。

當然，書放在那裡，總得「每本書姑且看五分之一」，以便萬一客戶或頂頭上司進來看見，和你聊起來某本書內容時，能侃侃談上一番。

報刊的選擇也是一門學問，堂堂一個主管的辦公室，如果放的是娛樂、八卦方面的雜誌便不符合形象，即使你對明星生活和名人緋聞特別感興趣，也不可以公開擺出來讓別人知道。

在辦公室裡擺設一些「一本正經」的東西，其實可以建立自己值得信賴的正面形象，增加公關效果。

這些道具一公開擺出來，上至上司、下至部屬，乃至客戶都看得見，所發揮的功用實在妙不可言。

提醒你，檢討一下自己的辦公室有沒有「重新裝修」的必要，也許你上次未能順利晉升，就是因爲少了這些關鍵性的「道具」。

厚黑智典

不要相信那些陳腔濫調，一個真正優秀的人才，經常是第一個或幾乎是第一個完成工作的人。

——富比士

PART 3

沒有誠實的狐狸，也沒有吃素的老虎

緬甸有句諺語說：「世上沒有誠實的狐狸，

也沒有吃素的老虎。」

在這個誰也不肯承認自己有錯的都市叢林中，

你必須隨時提醒自己，

千萬別去踩到別人的痛處。

用肯定的方式說出否定字眼

說話的最高藝術並不在於你說了什麼，而在於你怎麼說，解決的辦法是把一些否定字眼，用肯定的方式說出來。

石坂泰山先生是大阪萬國博覽會的會長，他認爲政府撥給博覽會的預算太少，許多工作都無法展開。

當時擔任首相的佐藤榮作，前往萬國博覽會視察時，石坂向他報告說：「我將盡力用首相撥下的預算，完成博覽會的籌備工作。但是，這恐怕會讓日本在世界上丟臉……」

就因爲石坂這句話，博覽會立刻爭取到了高額的預算。

當你需要對方接受你提出的要求時，最好先表示同意，然後再用「但是……」

提出反駁意見。

這種「石坂式交涉法」，與個性高傲的人討還價時相當有效。因爲，個性高傲的人有種強烈的優越感，認爲自己是世界上最優秀的人，與人交涉時，常常想用高傲的姿態壓倒對方。所以，和這種人談判時，如果直接說「不」否定對方意見，很容易收到負面效果。

他們做事時，往往欠缺精確度，在他們趾高氣揚的發表意見時，若是發現這一點的話，最好仍然保持安靜的聆聽態度。

一旦發現話中有謬誤，可以引經據典的告知：「然而，有些情況卻是……」，如此一來主動權就會回到自己手中。

這就是不說「不」，卻能收到「不」的效果的方法。

在談判過程中，儘管努力調和不同觀點和個性，達到雙方滿意的結果，但是由於言語上的衝動，爆發人身攻擊的情況，還是時有耳聞的。

如果你受到挑釁，而不得不採取強硬態度回擊時，應當注意分寸，不要因爲對方的無禮，而失去自我控制。

談判過程中應該如何駁回對方論點，而不採全盤否定的方式，是這個領域裡普遍存在的問題。

如果無意中措辭不當，很可能會在駁回對方論點時，刺痛了對方的敏感部位。其實，說話的最高藝術並不在於你說了什麼，而在於你怎麼說，解決的辦法是把一些否定的字眼，改用肯定的方式說出來——即「石坂式交涉法」。

例如，把「你錯了。」改說：「對，但是……」

把「我完全不同意你的話。」改說成：「我基本上同意您所說的，可是……」

把「你的報價簡直是對我們的侮辱！」改說成：「我覺得您的報價不甚合理，假如能……那我們現在即可成交。」

把「我一點兒也不能同意你的論點。」改說成：「我不是不認同你的看法，只不過……」

把「這麼做太糟，應當……」改說成：「我們可以再研究研究，以我個人來說，我看這是可行的，只須……就可以了。」

把「這簡直太可笑了。」改說成：「這想法妙極了，但我覺得若是再……那將會更好。」

具體進行反駁時，用語不一定與上述例子一模一樣，但用肯定語氣表示否定意思，比較容易使對手聽起來順耳，不會引起感情上的衝突，因爲那樣對雙方都不利，只會使達成協議的距離越來越遠。

說話上的變通花招無窮無盡，就看各人的口才，以及如何靈活運用。

厚黑智典

無形的東西——信心和態度，才是成功的決定性因素，因此，你必須先學會控制這些東西。

——航空公司執行長赫伯·凱萊爾

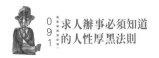

製造假訊息讓對手深信不疑

談判中嚴防訊息洩漏是談判者的常識，但在某種必要的情況下，可以間接把自己談判立場的細節等，悄悄的、裝作不經意的洩漏出去，以達到己方需要的某種目的。

《三國演義》中有段精采的「蔣幹」盜書情節：曹操將水師屯於江北，隨時準備揮師渡江南下。爲了探查軍情，他便派周瑜的同學蔣幹前去東吳察看動靜，周瑜則趁機施展反間計。

當時，東吳情勢危急，由於北兵不習水戰，東吳唯一的致勝之道便是「火攻」，但曹操用了張允、蔡瑁兩個有能耐的水軍都督，絕不會笨到將船一隻隻連著鎖在一起，以便己方火攻。周瑜正在爲此事著急之時，忽聞同窗蔣幹來訪，心中懸著的巨石終於落地。

周瑜與蔣幹相見，少不得痛飲一番，以敘同窗之誼。不久，周瑜假裝不勝酒力醉臥床帳之內，呼聲大作。

蔣幹受曹操之命到東來吳探視虛實，自以爲已經把周瑜灌醉，可以暗中進行調查了。夜晚萬籟俱寂，蔣幹悄悄地摸進老同學周瑜帳內竊取軍情。他見周瑜醉臥不醒，就把置放在桌上的一封書信，偷回自己房中細看。

不看則已，一看不由得驚出一身冷汗，原來竟是張允、蔡瑁私通周瑜的書信。由於事情緊急，他便趕緊過江覆命。

曹操看了書信後勃然大怒，頓時心生殺機，當即命人將新任水軍都督張允、蔡瑁捉來轅門斬首。

消息傳到周瑜耳裡，自然欣喜若狂。

曹操仰賴兩位新任水兵都督進攻江南，東吳水師兵微將寡，自然不敵。周瑜於是趁著蔣幹來訪之時，僞造曹操水兵都督請降的書信，信中內容全是「帶兵降吳、共討曹賊」之類的反叛言語。他把僞造的秘密書信故意擱在桌上，然後裝睡讓蔣幹去偷。

曹操見是蔣幹竊來的書信，信以爲眞，再加上疑心病重，居然自己除去了周瑜的心頭之患。

類似「蔣幹盜書」的情節也可以巧妙地運用在商業領域。

談判中嚴防訊息洩漏是談判者的常識，但是，在某種必要的情況下，其實可以間接把自己談判立場的細節等，悄悄的、裝作不經意的洩漏出去，以達到己方需要的某種目的。

當然，你也可以在談判過程中，突然揭開自己的面紗，如果以私下談話的方式直接洩密，可以說：「這可是我們私底下這麼說，我們老闆有可能與N公司談判，而不是貴公司。」以此迫使對方降低需求，不過奏效與否，就看你是否能做得天衣無縫，讓對方信任。

另一招就如周瑜洩密一樣，對方渴望得到某方面的秘密，而且是在你「一時疏忽」之下得到，就會使對方視作珍寶，而你也最容易達到目的。

這一招靈不靈，還得看對手是否選擇採取窺探別人隱私的方法。

這一招的方法較多，例如爲了使對手認爲有其他競爭對象存在，可以把一本記載著競爭者姓名、電話號碼的本子，隨意擱在桌上，然後故意忘記帶走。記事本上還可以寫上其他競爭者的最低報價、自己的最高出價……等。

事情往往很奇怪，如果你直接告訴對方，他不一定會相信，如果任由對手偷偷摸摸地發現，反而會使他深信不疑。

所以，要製造假訊息，透過這種方式傳出去，效果會特別大。

厚黑智典

成功並非僅僅靠著篩選過往的灰燼而已，而是要盡快開發及耕作培育未來的肥沃土地。

——A·格拉梭

用一隻老鼠扳倒一頭大象

如果你能瞭解自己所用的人「優點」在哪裡，然後，再充分利用，那麼就算你用的是一隻「老鼠」，照樣可以扳倒一頭「大象」。

在現實生活中，有些人在某一個領域沒有任何經驗、資歷可言，可以說是一張白紙，但是，只要他身上擁有某種寶貴的特質，那麼，這種人同樣值得珍惜。

譬如，二次大戰後，松下幸之助接受了重建日本勝利公司的委託，在由誰來擔任公司總經理的問題上，他卻出人意料地選擇了和商業一點都沾不上邊的海軍上將野村吉三郎。

當時，野村吉三郎對於生意、買賣根本一竅不通，對於勝利公司所從事的留聲機、收音機、唱片、音樂業等更是一張白紙。

某次董事會上，當董事們討論到日本的一首有名歌曲〈雲雀〉時，野村卻問：「它是誰的作品啊？」引來許多人的嘲笑。因此，很多人都認爲松下幸之助老眼昏花，選了這麼一個外行人來管理內行人。

但松下幸之助卻堅持己見，並反覆向董事們解釋：「我要的是一個懂管理、會用人的人，而不是一個音樂家。他不知道〈雲雀〉固然不好，但這對於他的總經理職務又有多大妨礙呢？」

後來的事實證明，松下幸之助的看法非常正確，勝利公司終於在野村吉三郎努力下重建成功。

這個例子說明，用人要看他的長處，即使他有某些不足的地方，但只要對工作不會造成妨礙，照樣可以使用。

美國聞名的實業家凱特林挑選繼任人選時，從最得力的六位助手中挑選了被認爲腦筋最差的一位——艾伕塔。許多人不明白凱特林爲何如此選擇，因爲從聰明才幹的角度來比較，艾伕塔比另外五位都要差。

但是，大家都忽略了，艾伕塔有一個其他五人所沒有的優點，就是時常提出意見，很愛創新，腦子裡始終有一股要做得更好的意念。因此，凱特林提拔了他，並讓他擔當大任。

凱特林說：「我的公司不歡迎自命不凡的聰明人。聰明人往往認為自己懂得很多，因此會被封閉在高人一等的圈子裡，不願與他人交流，無法突破以往的經驗和缺乏彈性的想法，不肯再前進。」

阿基米德曾經說過：「只要給我一個『支點』，我就可以撬起整個地球。」

其實，任何事情，只要找到「關鍵點」，再怎麼困難的問題，也會迎刃而解，用人也是相同的道理，如果你能瞭解自己所用的人「優點」在哪裡，然後，再充分利用，那麼就算你用的是一隻「老鼠」，照樣可以扳倒一頭「大象」。

厚黑智典

讓聰明絕頂的人來管事，經常導致不幸，因為他們對於凡夫俗子的期待太高

沒有誠實的狐狸，也沒有吃素的老虎

緬甸有句諺語說：「世上沒有誠實的狐狸，也沒有吃素的老虎。」在這個誰也不肯承認自己有錯的都市叢林中，你必須隨時提醒自己，千萬別去踩到別人的痛處。

人的性格類型可說千奇百怪。有的人不論對錯，老是要和別人唱反調；有的人雖不至於偏激，但總是固執地堅持自己的立場；有的人明明自己的意見行不通，卻偏偏不接受別人的任何建議。

也有人頑強地認定只有自己的做法和想法，才是天底下最正確的方法。當然，也有人老是掩藏自己心底的企圖，卻喜歡試探對方的心意；有的人則缺乏主見唯唯諾諾，迎合別人的意思。

想在生活或工作中持盈保泰，必須先研究週遭人物的個性，找出對方的「逆鱗」

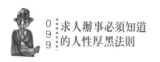

長在什麼位置，以免有所冒犯。

「啊，要是當時不說那句話就好了！」

像這樣事後才懊惱不已的人，大都是說話或做事之時，無視對方的「逆鱗」存在所引起的。

人類共同的心理，就是極端厭惡自己的行爲、想法被他人誤解，永遠期望別人對自己有最正面的評價，而且討厭別人在人前人後批評自己，但是卻常常無意中批評他人而不自知。

「我們公司的經理眞是懦弱！雖然他一副謙虛的模樣，常接受旁人的批評，但我就是對他沒有好感。」

如果和你談話的對象，正好是經理的心腹或交情不錯的同事，那後果將不堪設想。在現代社會裡與人相處，必須謹言愼行，千萬不要逞一時之快，像這一類失言的後果，不是被上司叫去訓斥一番，就是遭到「發配邊疆」的命運。

緬甸有句諺語說：「世上沒有誠實的狐狸，也沒有吃素的老虎。」

在這個誰也不肯承認自己有錯的都市叢林中，你必須隨時提醒自己，千萬別去

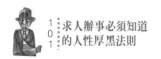

踩到別人的痛處。

尤其是當對方是一頭容易發怒的「老虎」時，更別傻到去亂拍牠的屁股，讓自己白白成爲別人餐後的點心。

厚黑智典

大部分的人都知道，成功沒有運氣可言，但是要找到幾個不相信運氣的人卻很困難。

——海淪・羅蘭

適時洩漏自己的弱點

凡事都要先試試，在閒談中適度地把心中的煩悶傾吐出來，請求他人幫助解決，難說不是解決問題的大好契機。

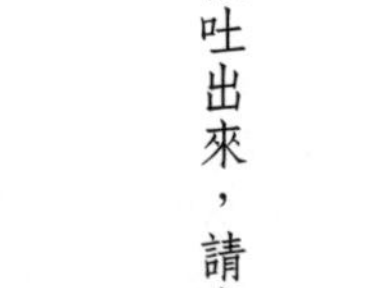

在工作中，無可避免地必須常常與人商談業務或約會應酬，一般人總是想從外表、長相去判斷對方，或是從社會地位、職業去衡量一個人，而不願輕易把自己的煩惱或工作內容告訴別人。

有的人會因爲想要談論某件事情而和別人打交道，然而見面之後，或因爲不喜歡對方的外表，或不中意當時的氛圍，因此始終不願啓口。

有句俗話說：「人要相交，馬要試騎。」

你不開口，什麼事情都難以解決。與其事情還沒說就死心，倒不如抱著試試的

態度，誠懇地將自己的困惱說出來，以求得對方的幫助，即使是被取笑也別在乎，說不定你的轉機就在此。這也是創造機會的明智之舉。

我們不難見到，有的人具有強烈的依賴性，無論是碰到煩惱的事或是無聊的事，都喜歡向他人傾訴。

這種人，雖不討人喜歡，但是，如此一來，既可以消除自己的焦躁感，說不定還能獲得對方的同情和幫助。

換句話說，這種人已經把他們的缺點轉變成了對自己有利的優點。

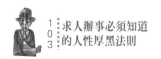

有時候，我們不難聽到別人這樣說：

「原來有這樣的事，你怎麼不早說？我是有辦法幫你辦到的。」

「眞不巧，你說晚了，貨剛被公司的人提走，以後再說吧。」

因此，當我們剛著手籌劃某件事情時，不妨一開始就把構想告訴你想要打交道的人，說不定這正是他所需要的建議，這一來，一個千載難逢的機會不就正好被你逮著了嗎？

「我們正在編列這項預算，你的建議眞是太好了！等我們討論後會立即將結果通知你。謝謝你的寶貴建議。」

假如你一開始就對這事情不抱希望，能收到這樣的效果嗎？

凡事都要先試試，在閒談中適度地把心中的煩悶傾吐出來，請求他人幫助解決，難說不是解決問題的大好契機。

厚黑智典

許多虛偽的人，往往用粗暴的言行來掩飾他們的平庸無能。

——巴爾札克

在辦公室裡應該怎樣「說話」？

談話既不可一副趾高氣揚的模樣，也不要過於親密，更不要用教訓的口氣滔滔不絕地說個不停，應該保持和藹有禮的態度。

辦公室裡的人際關係往往錯綜複雜，懂得怎樣應對進退，是建立良好人際關係的第一大要素。

辦公室裡的談話方式也是一門藝術。

首先，對年長的同事應當謙虛、服從。

年長的人生活經驗豐富，有很多值得年輕人學習的長處，但有時會過於保守謹慎。因此，與這些人交談時，即使你有不同看法，也不可採取不屑的態度，或口出狂言，應該給他們起碼的尊重。

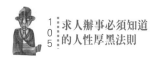

如果在辦公室裡你是前輩，那麼，和年輕的同事談話時更應該拿捏分寸，保持穩重的態度。

因爲年輕人容易衝動，又缺乏工作經驗，因此切記不要隨意附和，降低自己的身份。如果彼此有不同意見，只需讓他們知道自己的看法就行了，不必和他們激烈爭論，辯得臉紅脖子粗。

此外，要想獲得年輕人的尊重，絕不可以信口開河、誇大其詞，一旦被他們發現，自然而然的，對你的尊重和信任也將消失。

有些人一和地位高的人談話，自卑感就會顯露出來，使原本清晰的思路變得模糊混亂，講話支支吾吾。也有些人和職位高的人說話時大言不慚，而且滿臉不屑，缺乏最起碼的禮節與尊重。這些都是錯誤的。

與職位比自己高的同事說話，不管他是不是你的頂頭上司，都應當保持適度的禮貌，一則他的地位高於你，保持禮貌對你日後的工作會有所助益，若能從談話中知道一點公司的內幕，更將使你從中獲得某種機遇。再者，他必定有某些能力、知識、經驗、智慧値得你學習，尊重他也是應該的。

當然，尊重職位比你高的人，並非得做一隻應聲蟲不可，那樣的話，他會認爲你是一個唯唯諾諾、毫無主見的人，對你留下一個難成大器的印象。

與職位高的人談話，應該以他的談話爲主題，多聽話、少插嘴，並且做到集中精神。自己講話時，儘量不偏離主題，同時保持輕鬆自然的態度，坦白爽朗地說出自己的想法。

與地位低的同事談話也要掌握分寸，既不可一副趾高氣揚的模樣，也不要過於親密，更不要用教訓的口氣滔滔不絕地說個不停。應該保持和藹有禮的態度，對於他的工作成績加以肯定和讚美。

厚黑智典

智者說話是因為他們有話要說；至於愚人說話，則是因為他們想說而已。

——柏拉圖

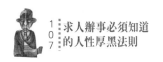

別戴著有色眼鏡看人

過去的經歷當然要考察，但不能因過去的污點就將人才拒於門外。身為一個領導者，要有勇氣任用曾經犯過錯誤的人才。

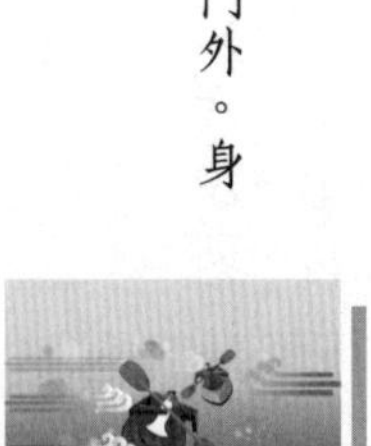

如果你是一家公司的總裁，現在急需要一個擁有某方面專門知識的人才，但是經你側面了解，知道他過去曾經犯過錯誤，進過監獄，你敢不敢用他？

傑瑞是美國一家化學染料公司的總裁，有一次，公司爲了研發低成本化學染料，迫切需要一個懂得染色技術的專家。這時候，他意外地打聽到有個染色專家正賦閑家中，頗爲驚喜。然而，經過初步了解，卻發現這個人年輕時吸過毒，因爲缺乏毒資還攔路打劫，被關進了監獄，出來之後，便自暴自棄，整天喝酒澆愁。

這個人能不能使用呢？傑瑞陷入了矛盾之中，於是，他又繼續去了解這個名叫漢姆的染色專家，發現他出獄後有段時間表現很好，但公司的老闆總是對他不放心，幾乎每天都要到漢姆的更衣櫃，搜索他的外衣口袋，生怕他再染毒癮。漢姆發現後，自尊心受到極大侮辱，憤然辭職，這樣才染上酒癮的。

傑瑞知道全部經過後，決定聘用漢姆擔任公司技術部主管。

經過幾次登門拜訪，漢姆深受感動，從此痛改前非，埋頭於實驗室，終於研製出不脫色而且成本低廉的化學染料。

我們可以設想一下，如果一開始傑瑞先生就帶著有色眼鏡看人，因爲漢姆犯過罪就不僱用，那麼他開發不脫色化學染料的計劃，能否順利成功就很值得懷疑了。

過去的經歷當然要考察，但不能因過去的污點就將人才拒於門外。身爲一個領導者，要有勇氣任用曾經犯過錯誤的人才。

《史記》中，曾記載劉邦重用陳平的故事。陳平年輕時，曾經在魏王門下當差，但沒有獲得重用，後來又到項羽手下做事，也因爲和項羽鬧翻不得不連夜逃亡，最後投效劉邦，擔任都尉的官職，成爲劉邦座駕的陪乘。

不過，在當時，陳平可說聲名狼藉，有一位重臣就向劉邦進諫說：「陳平是一個無行小人，在家時曾和兄嫂私通過，不得已而才離開家鄉。在魏、楚的軍營中也是窮困潦倒，不得不前來投奔，到了我們的軍營，受封官職，卻又居然接受某些官員的賄賂。」

劉邦聽後，卻哈哈大笑，對這位臣子說：「你有所不知，你剛才說的是有關陳平個人品德的事，但是，現在天下紛爭，我所需要的卻是有才能的人，單是品德高尚的人，對我軍是沒有用處的。」

劉邦沒有計較陳平品德上的過失，反而不斷晉升他的職位，最後官至宰相，對於鞏固漢朝江山有相當重大的貢獻。

厚黑智典

我們以往所了解的競爭滅亡了，但並不意味著競爭已經不存在，實際上，它比以往更加劇烈。

——管理學作家詹姆斯·摩爾

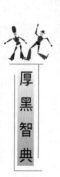

你敢不敢用別人眼中的「怪才」？

在他人看起來「不正常」的頭顱裡，往往蘊藏著極為重要和豐富的資源，而這必須要高明的領導者和有膽識的用人者，才能發現和重用。

日本權威經濟刊物——《日經商業》雜誌，每年列出的優秀企業排名榜上，本田汽車公司經常高居榜首。

本田公司的創始人本田宗一郎，才思敏捷，經營有方，四十歲時創辦本田公司，在選用人才方面頗有獨到的見解，偏愛招攬「不正常」的人。這種奇特的用人方法，使得本田公司創業不到半個世紀，就成爲世界著名企業。

有一次，本田公司招考人才，應徵室外等了很多應聘者。幾乎所有的應徵者都神情緊張，許多人還不時背誦有關本田公司的概況介紹，或讀一些如何應聘的小冊子，還有人不斷拿出小鏡子看看自己的儀表，生怕給試主管不好的第一印象。唯有一個年輕人衣衫不整，還沾有油漬，歪歪斜斜地躺在樹下睡覺。

這時，正好本田宗一郎從招聘處走過，覺得十分有趣，便叫人力資源課課長先面試那個呼呼大睡的年輕人。

事後，課長向本田彙報，情況是：學歷不夠，儀表不佳，面試極不認眞，反而問起本田公司有沒有他喜歡做的工作，好像他是東京帝國大學的博士，其實他只是在家做過一些毫無結果的小實驗。

本田宗一郎聽了馬上叫道：「馬上錄用他！本公司有的是他感興趣的事情！我就喜歡怪才！」

後來，在美國汽車展上獲得大獎的本田全新車型，就是那個被視爲「怪才」的人設計的。

無獨有偶，一向以獨創技術馳名的新力公司，在這方面也和本田「英雄所見略同」。幾年前，新力公司在倍數增長的計算機市場上，銷售業績遠遠落後於其他品牌，想要扭轉這種不利局面，就必須儘快開發出新產品。

按常規，如果讓科研部門研製新產品至少需要兩年時間，這在科技飛速發展的今天顯然太漫長了。該怎麼辦呢？

於是，新力公司領導階層果斷決定，在企業內進行公開招標，結果三位被認爲是「怪才」的員工入選了。儘管不少人反應，這三個人自尊心太強，歪點子太多，自命清高且不合群，但新力的領導階層還是放手讓他們「點兵」，組建實驗室，進行新產品的攻堅行動，課題、經費、設備一切自主決定。

結果只用了半年，印有「新力製造」的新型計算機就出現在市場上，不但性能高於同類產品，價格也十分低廉，很快地就攻佔了大半個市場，不僅爲新力公司賺足了利潤，也贏得了名聲。

爲什麼這些在國際上享有盛名的大公司，喜歡在用人上做出一些「不同凡響」的決策呢？

這是因爲，高明的領導者能打破既定的思維模式，獨具慧眼的發現人才的個性。他們認爲，一個沒有獨特個性的人才，就不會思考和設計出獨具特色的產品，這些人個性執著，善於獨立思考，不拘泥於現有的格局，往往有創新之舉。

在他人看起來「不正常」的頭顱裡，往往蘊藏著極爲重要和豐富的資源，而這必須要高明的領導者和有膽識的用人者，才能發現和重用。

想求人辦事，千萬要記住，如果沒有一些人的異想天開，今天這世上也許還沒有飛機、火箭和人造衛星。

厚黑智典

每個新主張開始之際，都不過是一個人的渺小觀點而已。

——蘇格蘭作家卡萊爾

別讓「雞犬」升了天

如果企業還滿足於以前「用人唯親」的家族管理模式，就不可能在市場經濟的條件下發展和擴大，也就不可能有日後的輝煌格局。

在現實生活中，有些領導人習慣「一人得道，雞犬升天」的用人模式，自己一做了官，全家都是官。這種情狀最常出現在一些家族企業中，領導者把自己的子女、親屬都安排在重要的工作崗位上，把整個企業變成了「家天下」。

這種按親疏關係來用人的模式，最大的危害和後果，是把眞正有能力、才幹的人排除在外，使得企業難以長遠發展。

領導者往往很容易把彼此間的私人親密關係帶到工作中來，當這些親戚在工作上犯了錯誤時，往往不自覺地加以庇護或縱容。

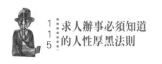

即使領導者能明辨是非，他的親屬也是有才幹的人，並做出了一些成績，但其他下屬往往不這麼看，大多數人會把這些人的成就，歸因於他們與領導者之間的特殊關係，從而影響其他下屬們的心情。

因此，一些有遠見卓識的領導往往盡力避開這個問題，在企業創辦招聘職員時，就提出「近親迴避」的原則。

事實證明，這樣做是非常明智的，雖然會得罪一部分人，卻能為日後企業的管理打下了堅實的基礎。

這樣做，或許會被指責為六親不認，但是經營者必須明白，即使親友中間有很稱職的人選，也會由於他們佔去了有限的位置，而影響整個企業的進取心，那才是得不償失。

以前，家族企業莫不奉行「打虎親兄弟、上陣父子兵」的傳統理念，企業每有重大決策，都得兄弟姊妹、老婆娘舅點頭才行，完全是家庭型管理模式。然而，一經過市場競爭的洗禮，就會發現企業要逢勃發展，採家庭式管理是不行的。

企業的發展、企業規模的擴大，就像大海一樣，需要匯納百川，雖然血緣關係的向心力無可置疑，但也會在很大程度上阻礙了企業的正常管理。

唯有讓企業的骨幹站在最適當的位置，才能使傳統的家族型企業轉型，走上用才唯賢的道路。

如果企業還滿足於以前「用人唯親」的家族管理模式，不將企業管理從用「親」轉向用「賢」，就不可能在市場經濟的劇烈競爭下發展和擴大，也就不可能有日後的輝煌格局。

厚黑智典

對一個人來說，如果想要知道自己該向哪裡進攻，在哪裡據守，往哪裡撤退，別急著研究自己，必須先了解你的競爭對手。

——經濟學家戴維・斯托特

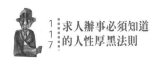

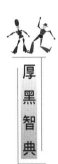

發現致命的缺點，才能起死回生

為了要讓克萊斯勒公司起死回生，在精兵簡政方面，艾柯卡毫不手軟地砍了「三板斧」。將那些身居高位而毫無建樹的平庸之輩全部撤換。

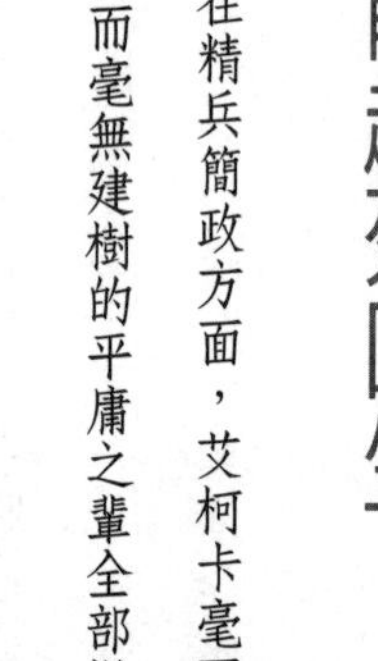

克萊斯勒公司因經營不善陷入絕境，艾柯卡受命於危難之際，他爲收拾這個爛攤子，第一步工作就是思考如何突破困境，經過詳細調查，很快地就發現了公司的五個致命弱點。

一是紀律鬆弛。

他到任的第一天，就遇到兩件令人惱火的事。

一是他發現前總裁柯費羅的辦公室竟成爲人來人往的通道，職員們穿堂而過，連招呼都懶得打，沒有一點規矩。

還有，他看到前任總裁的女秘書在工作時間隨便打電話辦私事；這在福特公司是要丟飯碗的，而這裡卻毫無顧忌。

再往下看，基層組織像一盤散沙，士氣低落到令人難以置信的地步。

二是管理混亂。

公司沒有名副其實的管理體制，沒有行之有效的規章制度，設計部門與製造部門彼此沒有聯繫，上級部門與下級部門嚴重缺乏溝通。

三是人浮於事。

公司副總經理竟多達三十五個，艾柯卡形容他們「各自佔地為王」，辦起事來互相牽制、踢皮球。

四是庫存積壓。

公司不是按經銷商的訂單組織生產，結果導致庫存車貨滿為患，公司不得不每個月舉行一次減價銷售，結果又造成了經銷商對減價的依賴和期待，想買車的顧客也推遲了買車時間，目的是等待降價。

五是資金短缺。

一九七八年克萊斯勒虧損二億多美元，而一九七九年，更是虧損高達十一億美元，並積欠各種債務達四十八億美元。爲了要讓克萊斯勒公司起死回生，在精兵簡政方面，艾柯卡毫不手軟地砍了「三板斧」。

第一斧，先「砍」掉公司的高層領導，將那些身居高位而毫無建樹的平庸之輩全部撤換。公司三十五個副總經理先後辭退了三十三個，高層部門的二十八名經理也撤銷了二十四個。

第二斧，精簡機構，壓縮企業規模。他大膽採用「關、停、併、轉、賣」幾項措施，在五十多個生產工廠中，關閉、變賣了十六個，合併轉產四個，從而產量、車型和銷售相應減少，企業規模「消瘦」了三分之一。

第三斧，削減僱員。他先後解僱了九萬多人，裁員率超過五〇％，經紀人由五八〇〇人減少到三七〇〇多人。

艾柯卡在用人方面也是別具一格。他選人的首要標準是「志同道合」，要求部下必須熟知他的領導作風，對他那套管理辦法能夠徹底執行。由於克萊斯勒能人匱乏，艾柯卡不得不在自己熟悉的老伙伴中打主意，連挖帶拉地先後從福特公司網羅到數名得力大將。

總之，能者上前，庸人靠邊，建立起以艾柯卡爲首的有力領導系統。

艾柯卡的用人方法是：

•與屬下交談。

他認爲，所謂的管理就是發動他人去工作，一個企業運轉得好，就是那裡的人發動得好，而發動人的重要辦法就是與他們交談；演說是發動一大群人的最好辦法。

•實行季度檢討制度。

每三個月，他就和下屬坐下來，檢討過去的成就與差距，計劃下一季的工作目標。艾柯卡認爲，季度檢討有五個好處：不斷制定自己的目標；使人更充分發揮積極性；迫使職員經常檢查自己完成了什麼工作，下一步怎麼辦，多動腦子；不埋沒人才，好的職員不被忽視，不好的職員無法混日子；強制職員與上司對話，促使他們溝通思想、融洽感情，增進了解，改善關係。

•激發和保持下屬的進取精神。

艾柯卡認爲，當提升一名工作人員時，正是給他增加任務之時。在他成功的時候，要對他提出更高的要求；而在他不得意時，千萬不要過分嚴厲，否則會毀滅他的進取精神。

• 不能隨便變動職員的工作。

因爲技能是不能互換的，一個人在某個領域裡具有專長，不等於在另一個領域裡也有經驗和專長。

• 不能越級辦事。

艾柯卡認爲，一名領導者無法做好所有人的工作，只能鼓勵下一級的人去幹，下一級再鼓勵他的下一級去幹，絕不能越級去幹本應屬於下級幹的事。

厚黑智典

告訴別人你的決定，但不要告訴他們理由；你的決定有可能是對的，但理由通常是錯的。

——英國法學家默瑞

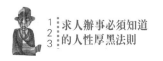

讓短處也能發揮作用

我們在用人時，不能把一個人的短處絕對化，而是應該短中見長，把他的短處變成長處，讓短處也能發揮作用。

在風光旖旎的菲律賓首都馬尼拉市，有一家世界上獨一無二的「矮人餐館」，上至經理，下到廚師、服務員，都是身高不超過一百三十公分的矮人，最矮的只有六十七公分。

他們以自己奇特的服務方式來吸引顧客。

當顧客來到餐館時，馬上會受到一位頭大身小的矮人熱烈歡迎，笑容滿面地遞上擦臉毛巾。

當顧客在座位上坐定後，又有一位矮人服務員捧著幾乎與他身高相等的大菜譜，請顧客點菜。

由於他們的動作滑稽可笑，顧客們往往笑得合不攏嘴，食慾頓增。

這個餐館的老闆是個叫吉姆．特納的美國人，他初到馬尼拉時，這裡餐館林立、酒店如雲，各家競爭十分激烈。

他開始經營餐館時，並沒有想到要搞什麼吸引人的花招，只是按著一般的思路，招了一些年輕的小伙子和漂亮的女生當服務員。這種做法與他人毫無不同之處，自然也就沒有多少顧客上門。

後來，雄心勃勃的吉姆下決心將餐館徹底改革，以吸引更多的顧客。他認爲，要開餐館，光靠服務態度是不夠的，一定要有自己的特色，才能使顧客們感到驚奇和有意思。

有一天，他在大街上閒逛，忽然有一個大頭顱、小身子的矮人映入眼簾。這矮人看上去只有三英呎左右，相貌也長得十分有趣。

如果用這樣的矮人做餐館的服務員，顧客肯定會感覺很新鮮！

吉姆靈機一動，一套完整的計劃便在腦中形成了。

他把這個人拉住，問道：「你叫什麼名字啊？有沒有工作啊？願不願意到我的餐館上班？」

「好啊，先生。」這個名叫比魯的矮人答得很乾脆。

第二天，比魯幫吉姆．特納在報上登了一個招聘矮人的廣告，並把他所認識的矮人全部找來。

沒過幾天，吉姆．特納就組了一支「矮人隊伍」，根據他們的專長，有的人當廚師，有的人當會計，有的人當服務員。還有的矮人會吹奏各種樂器，吉姆．特納也都一一把他們派上用場。

矮人餐館讓顧客在好奇中感到溫暖和快樂，在愉快中享受一頓美食，這種世界上獨一無二的服務，很快在當地出名了，並吸引了許多外國觀光客慕名而來。自然而然的，吉姆．特納的生意也就越做越好、越做越大，讓其他的餐館不得不甘拜下風。

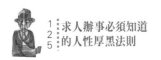

這個故事告訴我們，人的短處和長處是相對的。

矮小的侏儒原本是一個人的短處，但是吉姆．特納卻根據一些顧客追求新奇、獨特的心理出奇制勝，把矮人的短處變成了正常人所沒有的長處，並使自己餐廳的生意異常的好。

這無異說明了，我們在用人時，不能把一個人的短處絕對化，而是應該短中見長，把他的短處變成長處，讓短處也能發揮作用。

厚黑智典

在這個世界上，成功只有兩種方法，一是靠自己創造，再是靠別人的缺點。

——布律耶爾

PART 4

不妨拍拍部屬的馬屁

在辦公室裡擺起架子對部下惡言斥喝，

也不過是想要他好好辦事，

其實要達到這種效用，

有時還不如「虛情假意」地哄哄他。

用人，絕對不能有私心

「唯才是舉」是經營者必須具有的胸懷和品德，哪怕你曾經討厭過他，也不能因為個人的恩怨而影響公司的發展。

一個有能力的領導者，對於企業是非常重要的。他不僅能使企業本身充滿活力，最重要的是能使企業的員工目標一致，精誠團結。

相反的，如果領導者不具備領導能力，那個企業不僅不會發展，反而會離心離德，甚至崩潰。

因此，松下幸之助非常贊同破格提升人才。他認爲，只要選對了人，公司的繁榮就指日可待。他破格提拔山下俊彥出任公司社長就是明證。

在日本，依照資歷升遷是不成文慣例，破格提拔人才阻力很大。因此，在眞正需要破格提拔人才時必須特別愼重。首先，松下幸之助會和年長的員工進行溝通，使他們同意和支持提升新人的職位。

松下幸之助說：「當你把某人提升爲課長時，等於忽視了該課內還有曾經照顧過這個人的許多前輩。我覺得，如果只是把派令交給新課長並予以宣佈，是不夠的。我主持公司時，總是交代得很清楚，那就是讓課內資格最老的人，代表全體課員向新任課長宣誓。」

松下公司的做法頗具意義，當某人接受課長的派令後，他致詞道：「我現在奉命接任課長，請大家以後多多指導及協助。」然後，由課內資格最老的成員，代表全體員工致賀辭：「我們誓言服從新課長的命令，勤奮地工作。」這麼做，旨在提高新任課長的威信。

或許有人認爲，這種做法未免故意爲難別人。

事實上，這種擔心是多餘的，如果年長的員工對新上任的課長不滿意，採取強制宣誓的辦法，不僅不能達到目的，反而會帶來許多麻煩。因此，在提拔新課長時，要先廣泛地徵求課內人員的意見。

松下幸之助特別強調，提拔人才時，最重要的一點是絕不可以有私心，必須完全以這個人是否適合那份工作爲依據。只要是有才能的人，爲了工作而加以提拔，其他的下屬也是會理解和支持的。

因此，「唯才是舉」是經營者必須具有的胸懷和品德，哪怕你曾經討厭過他，也不能因爲個人的恩怨而影響公司的發展。

厚黑智典

讓年輕人腐化的最快方法，就是要他多認同一般人的思想，少接觸特立獨行的人。

——尼采

抱怨，有時是部屬不滿的信號

先調查清楚他發牢騷的原因，如果是因為他有能力和才幹，卻受排擠或工作單位不適當，那麼就要給他合理的職務，讓他發揮才能，平息他的牢騷。

對待滿腹牢騷的人，只有兩個辦法，一是提拔他，不然就根本不理睬他。要下屬不發牢騷，幾乎是不可能的事，通常的情況是下屬發牢騷，領導者卻故意裝作沒聽見。

身爲領導人，若聽到下屬發牢騷，首先要問的是，他爲什麼發牢騷？先調查清楚他發牢騷的原因，如果是因爲他有能力和才幹，卻受排擠或工作單位不適當，那麼就要給他合理的職務，讓他發揮才能，平息他的牢騷。

施布爾是一家大公司的一個小班長，手下管著十幾個人，雖然每次他都能準時把上級交付的工作完成，然而上級都不太喜歡他，甚至有點煩，但對他又無可奈何，因爲在工作上他表現得很優秀。

那又爲何這樣呢？

原來，每次上級部門交付他生產任務時，他總會抱怨：「我每個月就拿這麼一點點薪水，爲什麼老是要交給我這麼多任務？」

後來，這事被公司的總經理知道了，派人對施布爾的工作進行詳細考察後，不僅沒有責備他，反而擢升他爲部門的經理。果然，他上任不久，就把這個原本效益不彰的部門，整頓得有條不紊，公司的利潤也增加許多。而且，他對於上級交代的任務也不再抱怨了。

我們不妨回過頭，設想一下這個故事的另一種結局。

假如公司的總經理不是給施布爾更多的責任和更高的職務，而是對他的抱怨不予以理睬，甚至以開除或降級相威脅的話，那麼，公司失去的不只是一個有才能的人，而是一大批了解他的人。

因爲，施布爾的抱怨，是建立在自己的才華不受到重用的基礎上，抱怨只是他不滿的信號，而並非他的缺點或本意。

像這樣的人，你只要重視了他，給他安排合理的職務，他的抱怨就會停止。

厚黑智典

當一個人的心意與語言不符時，就會用繁瑣的語言顧左右而言他，就像一隻慣放釋放墨汁藉以脫逃的章魚一樣。

——喬治．歐威爾

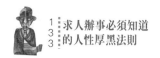

不妨拍拍部屬的馬屁

在辦公室裡擺起架子對部下惡言斥喝，也不過是想要他好好辦事，其實要達到這種效用，有時還不如「虛情假意」地哄哄他。

許多人在公司裡，採取「捧上欺下」的策略，但從爲人處事的技巧看，這種做法實在是大錯特錯。

眞正聰明的人，會偶爾拍拍部下的馬屁。因爲他明白，拍上司馬屁固然重要，但對下屬也一樣要「哄一哄」。

大凡身居高位的人，習慣了被人拍馬屁，馬屁對他來說一點也不稀罕，要拍也得出奇招才行。

但是，如果你偶爾拍拍部下的馬屁，則極爲管用，一定一擊即中！

一般來說，部下和你的地位差距越大，馬屁便越管用。

當然，拍馬屁有許多方法，可軟拍也可硬拍。

身爲高層，偶爾哄一哄低階員工，這是做人的高段技巧。

在你的心底裡，眞正的想法也許可和表面上紆尊降貴的友善相反，但無可否認的是，只要裝得有模有樣，這一招的效果將大得出乎你的意料之外。

在辦公室裡擺起架子對部下惡言斥喝，也不過是想要他好好辦事，其實要達到這種效用，有時還不如「虛情假意」地哄哄他。

根據許多人的經驗，職位越低的人越會感恩圖報，越會講義氣。這類人其實最值得拉攏，甚至值得和他交朋友。

職位低的人無法往上爬，並不一定是他書讀得不多，或是本領不夠。許多之所以屈居低下階層，多半只是因爲做人太老實。

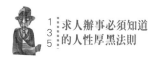

從好的角度來看，這類老實人最值得交朋友，許多人不願交這種朋友，不過是因爲地位觀念作祟罷了。

再從壞的角度看，這類人其實最可堪利用，稱讚他們幾句，他們就會「有如遇知音」的感覺。

因此，偶爾不妨哄一哄你的部下，說幾句話稱讚他們完全不費力氣，卻會產生你意想不到的效果。

當然，稱讚部屬這種事不能常做，做多了反而顯得太虛假了。

建議你不妨多注意一下部下有什麼可以稱讚之處，然後適時、適度地加以稱讚，只要不構成「性騷擾」之嫌，任何可以稱讚的地方，都可以當眾誇獎一番。

厚黑智典

過去的事往往因為「有例可循」，而被武斷地沿用至今，可是，它本身也是因循自更早的案例。

——斯塔爾夫人

提防馬屁精笑裡藏刀

除非上司是一位典型的「昏君」，否則，無論如何都不能選這種逢迎拍馬的人當主管，因為，有時這種人連做個稱職的員工都不夠資格。

生性諂媚阿諛的人，之所以不惜屈尊對上司逢迎拍馬，原因不外爲了自己的升遷，或是爲了改善環境條件，或是爲了自己的子女就業，或是爲了求得職務上的保護，或是爲了借上司的信任和威風來擴大自己的尊嚴……所有的這些目的，無疑都需要上司來成全。

上司在他們的眼裡，完全成了達到自己個人目的的「希望之樹」，所以除了千方百計設法諂媚外，別無他途。在他們眼裡，吹捧上司就會得利，而反駁上司的人只會吃虧。

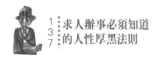

這種人說的是一套，做的又是另外一套，表面上唯命是從，實際上暗藏禍心。「笑裡藏刀」是這種人最生動的寫照。

逢迎拍馬的風氣盛行下去，勢必弄得眞假難辨、是非不分、小人吃香、好人受氣，工作難以開展，員工的積極性受到壓抑。

顯然，除非上司是一位典型的「昏君」，否則，無論如何都不能選這種逢迎拍馬的人當主管，因爲，有時這種人連做個稱職的員工都不夠資格。

但是，不可否認的現象是，這種人在許多公司裡卻往往能夠左右逢源。主要原因不外兩個：

一是這種人看透了人性的弱點，特別是當上司喜歡聽奉承的話，再加上他們吹捧的技術，往往能在公司裡風光一時。

二是許多上司表面上說自己很民主、很開放，樂意聽取各方面的意見甚至批評，其實骨子裡最不能容忍下屬對他「挑刺」，因爲他們覺得，這種行爲會降低他們的領導威信。

既然如此，下屬便會認爲又何必自討苦吃，乾脆看上司的眼色行事說話，樂得皆大歡喜。

因此，要做到不選擇馬屁型的人做主管，上司也必須加強自己的修養。因爲，只有賢人才能選出賢才。

厚黑智典

你或許可以使狼的毛色改變，但是絕對無法改變牠們的本性。

——土耳其諺語

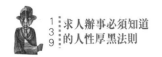

萬一你的上司是豬頭

不管你的上司多麼昏庸無能，你心裡多麼瞧不起他，脫離苦海的最佳辦法就是表現更恭順謙卑，盡力從旁輔助他，讓他早日高升，或者更努力表現，讓自己快點升職，和他平起平坐。

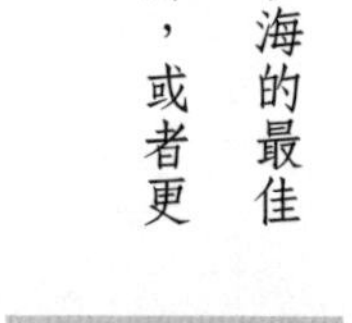

假如你的上司是一個超級大「豬頭」，好大喜功卻又毫無效率可言，又有某些讓人受不了的怪異癖好，這自然是你工作中的最大不幸。

譬如，你的上司一早大搖大擺地來到公司，口沫橫飛地高談闊論一番後，又突發奇想，叫部屬必須提筆草擬一項莫名其妙又毫無必要的工作計劃，所有員工自然是怨聲載道。

追隨一個無能又膨風的人，而且還必須爲他分憂解勞，確實是件相當無奈的事，從他身上學不到半點東西，只是徒然浪費寶貴的光陰。

如果遇到這樣的「豬頭」上司，你應該如何擺脫他呢？

俄國大文豪托爾斯泰說：「人人都想改變世界，但誰也不想改變自己。」想要擺脫「豬頭」上司，必須先改變自己。

不管你的上司多麼昏庸無能，你心裡多麼瞧不起他，脫離苦海的最佳辦法就是表現更恭順謙卑，盡力從旁輔助他，不斷締造佳績，讓他早日高升，或者更努力表現，讓自己快點升職，和他平起平坐。

這才是擺脫「豬頭」上司的積極辦法。

假如你不想爲這種一無是處的人效勞，也不願他沾自己的光，另外一個消極的方法就是自行申請調職，遠離他疲勞轟炸的有效射程。

然而，這並不是上上之策，因爲，不管你請調的理由多麼充足，但是動機只能隱瞞一時，最後總會曝露出來。

上司獲悉你是嫌他是「豬頭」之後，也許會覺得有損自己的顏面，惱羞成怒之餘，必定會反咬你一口，四處散播不利於你的謠言，例如「這傢伙最會渾水摸魚，還經常惹麻煩……」之類的話，造成你工作的困擾。

況且，如果你對目前的職務很滿意，僅僅爲了不喜歡這個「豬頭」上司的爲人處事作風便輕率調職，未免太划不來，也會影響到日後升遷的速度。

厚黑智典

聰明的人雖然開始的時候衝勁十足，但是最後仍因為缺乏堅持而失敗，而他的位置，通常由腳踏實地的辛勤工作者所取代。

——J・R・陶德

別亂拍「老虎」的屁股

上司就有如一隻「老虎」，老虎的屁股千萬不要亂拍。就算你想拍「老虎」的屁股，也不能只憑一時的匹夫之勇，而是必須靠深謀遠慮的謀略和智慧。

也許你會認爲，遇到膨風無能的「豬頭」上司，只要設法向公司高層申訴或告密，數落他的罪狀，讓他丟掉飯碗，自己不就可以脫離苦海了嗎？

照常理說，不管你用什麼方法向公司高層申訴、告發，一次兩次之後公司自然會進行調查，最後，那位無能的上司終究會被革職。然而，事情往往沒這麼單純。

我們不妨換個角度想想，既然你的上司那麼無能，爲什麼能夠晉升到目前的職位呢？說不定他有某些你不知道的人脈關係，或者背後擁有你的力量所無法撼動的靠山。舉例來說，也許公司的領導高層中，就有他的親戚好友，充當「守護神」庇蔭著他。

萬一你精心策劃的逼退行動失敗，屆時要辦理移交、捲鋪蓋走路的人，恐怕就變成是你了。

縱使你的逼退計劃成功，順利趕走了惹人厭煩的上司，那麼，從此以後，你在公司同仁眼中就成了一位陰險的「職業殺手」，大家都會對你敬而遠之，沒人敢與你交往，新來的上司恐怕也會對你「另眼相看」，你以後就沒好日子過了。

如果你還是忿忿不平，堅持不願讓那種愚蠢、刻薄的上司坐享其成，也不願幫助他升官，也許你會暗中替他製造麻煩，扯他後腿，讓他在公司出糗難堪。

你當然可以這樣做，但這無疑是最差勁的選擇。

因爲，就算你順利地讓他出糗難堪，只要他仍保住職位，一定不會放過任何可以報復你的機會。這樣一來，就和設法使上司被革職一樣，「不成功便成仁」，反而會危及自身。

即使你的計劃成功，新來的上司很快就會風聞你的「輝煌」歷史，處處對你充滿戒心，不敢委以大任，那就得不償失了。

法國思想家蒙田說：「不能駕馭外界，我就駕馭自己；如果外界不適應我，那麼，我就去適當它們。」

上司就有如一隻「老虎」，老虎的屁股千萬不要亂拍。也許你憤世嫉俗，也許你討厭趨炎附勢，不想向現實低頭，但是，就算你想拍「老虎」的屁股，也不能只憑一時的匹夫之勇，而是必須靠深謀遠慮的謀略和智慧。

厚黑智典

不能駕馭外界，我就駕馭自己；如果外界不適應我，那麼，我就去適當它們。

——蒙田

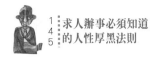

小心「廖北亞」就在你身邊

為了表示自己忠心耿耿，愛打小報告的人不忘時刻顯露出自己耳聽八方、眼觀四面的本領，有時甚至無風作浪，故意製造虛假的消息，無事生非，以便向上司交差。

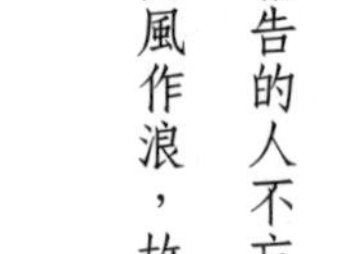

在競爭萬分激烈的商場，喜歡告密型的人無疑是公司最忌諱的。

這種人的告密分兩種情況。

一種是吃裡扒外，見利忘義，爲了自己的私利，不惜出賣公司發展的機密。這種人如果被安排在主管的位置上，因爲掌握著公司的核心機密，所以對公司造成的損失是無法估量的。

另一類告密者專門在公司內部搞小動作，打「小報告」，他們靠著向上司告密來博得信任和賞識。所以，他們喜歡四處刺探員工或同事之間的秘密，連一句閑言閑語都不放過。

爲了表示自己對上司忠心耿耿，愛打小報告的人總是不忘時刻顯露出自己耳聽八方、眼觀四面的本領，有時甚至無風作浪，故意製造虛假的消息，無事生非，以便向上司交差。

這類人能很容易贏得上司的歡心與信任，但是，倘若上司是一名精明能幹的人，就絕不會選用這種人當主管，因爲這種人肯定在辦事能力方面不會太突出，所以才會以這種手段來博得上司的青睞。

而且，時間一長，會引起員工的不滿，他們的所作所爲，對整個公司的團隊精神也是一個嚴重的打擊。

厚黑智典

對於周遭的事物，我們不僅要常加思考，同時要理解其真正本質為何，而非只是以訛傳訛。

——蕭伯納

用事實堵住下屬碎碎唸

如果你是一個領導者，假設也有部下A成天發牢騷，指責你為什麼只升遷部下B而不晉升他，你就讓事實來說話，讓事實來堵住部下A的牢騷之口。

如果，下屬在性格上就是一個愛抱怨、愛發牢騷的人，那麼，你應該找機會教育和警示他們，使他們改正。

有些人整天抱怨工資太低、主管看他不起，或者別人升遷了，爲什麼自己卻沒有，成天怨這怨那的，而對於自己的分內工作又不能照要求完成。

對於這樣的下屬，如果你是領導者，大可大聲地訓誡他：「你先把自己的分內工作做好，再來找我。」

或者，你可以採用一種更巧妙的方式，去找一個有辦事能力並且任勞任怨的人，然後把同樣的任務分別交給這個人和那個愛發牢騷的人去做。

完成之後，再把他們的結果放到一起，讓大家來比較孰好孰壞，趁機讓那個抱怨者心中清楚：別人升遷是因爲他的能力比自己強的緣故，而不是靠什麼私人關係。

有一個生意人想買一批番薯，於是，就派他的兩個學徒去市場了解一下行情。

學徒A去了一會兒就返回了。他一面埋怨今天天氣太熱，害自己跑出一身汗，一面向老闆報告今天市場上番薯的價格，然後便碎碎唸地去沖涼水澡了。

學徒A沖完涼水澡坐到店面，學徒B才汗流浹背地回到店裡，不僅向老闆彙報了今天市場上番薯的價格，還把昨天和前天的番薯價格一併告訴了老闆，並向老闆建議說，今天的價格已經是最低的了，恐怕到明天就會漲價。

老闆覺得學徒B分析得有道理，於是，又叫他去市場上找一個賣主來店裡談價錢。這時，學徒B卻一指門外說：「我考慮到老闆有可能要買，所以已叫了一個賣主在外面等候了。」

老闆到外面一看，覺得品質不錯，價錢也確實比前幾天低廉，於是就很快地把那個人的番薯買下了。

這個例子告訴我們什麼呢？

喻意其實很簡單，那就是，如果你是一個領導者，假設也有部下A成天發牢騷，指責你爲什麼只升遷部下B而不晉升他，你就把同樣的一件事交給他們兩個去做，讓事實來說話，讓事實來堵住部下A的牢騷之口。

厚黑智典

我會勇於表達今天我所相信的，哪怕與我昨天所說的完全背道而馳。

——社會改革家菲力普斯

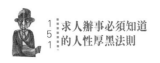

同事之間為何只能說「三分話」

同事之間往往是各自擺出一副虛假的面孔，掩蓋自己的各種弱點，掩蓋自己的真實面貌。因此你大可不必將真心話全盤托出，只說「三分話」就行了。

同事之間，爲了追求工作績效，贏得上司好感，或獲得升遷，便會出現種種利害衝突，彼此存在著一種微妙的競爭關係。這種競爭摻雜了個人情感、好惡，與上司同事之間的互動關係……等等複雜因素。從表面上看，辦公室裡大家似乎相安無事，一團和氣，其實內心裡都在各打各的算盤。

利害衝突如果導致同事之間關係緊張，自然不可能同舟共濟。

既爲同事，天天工作在一起，每個人的性格脾氣、優點缺點，自然會在平時的互動中曝露出來。一旦行爲上的缺點和性格上的弱點曝露以後，彼此間的矛盾、衝突就自然產生。

這種矛盾和衝突有些浮現在表面上，有些卻隱藏在暗地裡，種種的矛盾心理或不愉快交織在一起，便會有亂七八糟的雞毛蒜皮的事情發生。

此外，同事之間，儘管彼此的年齡、資歷有所不同，但因沒有距離感，相互之間便會滋生鄙視意識。這種鄙視意識產生之後，就會放大對方的缺點和弱點，日積月累便成了對立之勢。

同事之間有時必須一起共同處理一些事情，每個人處理事情的方式不同，方式合適與否，對公司的發展、對個人的利益有什麼影響，每個人都會暗中加以比較。一旦覺得別人的工作效率或處理事情能力不如自己，就會萌生驕傲的想法，然後自然地流露在態度之中。

然而，同事之間如果有人幹得比自己出色，獲得上司的肯定與器重，則又會產生嫉妒的心理。

由於上述種種原因，一般人往往對同事存有戒心。也因此，「逢人只說三分話，不可全拋一片心」的戒條，在同事關係上表現得淋漓盡致。

大家都戴上面具去對待自己的同事，不用眞心去對待同事，使得同事之間往往假話連篇，而直話、眞話很少。

同事之間往往是各自擺出一副虛假的面孔，掩蓋自己的各種弱點，掩蓋自己的眞實面貌。

因此，對於一般的同事，你大可把他們看成泛泛之交，不必將眞心話全盤托出，只說「三分話」就行了。

厚黑智典

很明顯的，由於欺詐性廣告的不斷流傳，使得人們的智力不斷降低，這說明了要征服一個市場，方式不只一種。

——管理學專家彼得·杜拉克

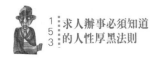

如何記住別人的名字?

成功人士的經驗告訴我們，記住別人名字的多少，與交往範圍的大小、事業的成敗成正比。

美國激勵作家戴爾．卡耐基說：「在交際中最簡單、最明顯、最重要、最能得到好感的方法，就是記住別人的名字，使他有受到重視的感覺。」

因此，在與人交際之時，要使對方有一見如故的感覺，最好的方法就是設法牢牢記住他的名字。

沒有比被忘記姓名更殘酷的事情，忘掉別人的姓名，等於是將他忘掉一樣。希望對方記住代表自己的姓名，無非是希望對方記住自己。

所以，人對於能夠記住自己姓名的人，一般都會存有幾分好感，當對方提出一些自己能力範圍之內的請求時，通常不會拒絕。

戴爾．卡耐基在《打動人心》一書中也寫道：「使耳朵響起最悅耳的音樂，是有關自己姓名的音響。」

的確，記住對方姓名是有百利而無一害的。

至於記住姓名的竅門爲：印象、重複＋聯想。

開始時先抓住對方的印象，然後描出輪廓，並小聲、重複地唸對方的姓名，在交談中插入對方的姓名。

至於聯想，則是設法與某些事物相關連，藉以牢牢記住。

成功人士的經驗告訴我們，記住別人名字的多少，與交往範圍的大小、事業的成敗成正比。

政治家記住幕僚和群眾的名字可獲得擁戴，管理者記住下屬的名字能指揮自如，教師記住學生的名字可贏得威信。

任何一個人，只要牢牢記住自己所結識過的人的名字，都會受到對方的喜愛，而在關鍵時刻獲得適時援助。

進入新的朋友圈並能成爲好朋友的人，無疑是那些記住並互相稱呼姓名的人。

總之，能記住姓名是建立人際關係不可或缺的條件。

厚黑智典

很多人以為自己正在積極思考，實際上，他們只不過是在努力重新安排自以為是的偏見。

——心理學家威廉·詹姆斯

妥善掌握介紹的禮儀

介紹時說話必須清楚明瞭，不要含含糊糊，拖泥帶水。同時，還要注意避免把某一個朋友過分頌揚、大肆吹噓，這很容易使人引起反感。

在交際活動中，介紹也佔有很重要的地位。有人說，「介紹是一切社交活動的開始」，掌握一些必要的介紹常識，往往能使交際活動一開始就出現和諧融洽的氣氛，有助於達到社交目的。

介紹一般分爲「自我介紹」和「居中介紹」。

自我介紹是一個人的「自我表達」，人們的評價從此時開始。自我介紹的內容一般多爲姓名、年齡、籍貫、學歷……等，你可根據交際的目的、場合、需要作出恰當的判斷，儘量使對方印象深刻。

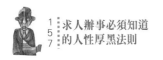

至於居中介紹，則是介紹者站在第三者的立場，使被介紹的雙方相互認識的一種交際活動。

作爲雙方的介紹人，介紹時說話必須清楚明瞭，不要含含糊糊，拖泥帶水。同時，還要注意避免把某一個朋友過分頌揚、大肆吹噓，這很容易使人引起反感。

還有一個需要注意的問題，就是介紹的順序。

在國際禮儀中，介紹順序原則上是這樣排列的：

1. 先把男士介紹給女士；
2. 先把職位低的人介紹給職位高的人；
3. 先把晚輩介紹給長輩；
4. 先把未婚者介紹給已婚者；
5. 先把年輕人介紹給年長者。

另外，自我介紹和居間介紹還應該注意以下三點：

1. 介紹時要大方、自然；
2. 音量適中，口齒清晰，語速不可太快；

3. 不要做怪動作來掩飾慌亂。

如果你能妥善掌握以上的這些見面禮儀，無異於爲自己進入交際場合領取一張通行證。

厚黑智典

禮貌會使有禮貌的人喜悅，當然也使那些受到禮貌相待的人感到喜悅。

——孟德斯鳩

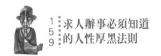

PART 5

如何踩著同事的肩膀往上爬

你能不能踏著同事的肩膀順利往上爬，

全看你是否平常就牢牢掌握了同事的心，

這會影響到他們願不願意在關鍵時刻支援你，

至少不要扯你的後腿。

如何輔導小錯不斷的下屬

有些企業的經理在解僱員工時總有一種心理，擔心他們會到處造謠，毀謗自己，因而對於這些小錯不斷的下屬，總是姑息縱容，遲遲不願下手。

管理者最重要的任務，就在於妥善運用每一個人的才幹，以一當十，以十當百。有些下屬大錯不犯，但小錯不斷，要說他沒有才幹，他又有一些成績，要講他合適，他又經常給公司造成一些不大不小的損失。

這樣的人，其實最讓領導者頭痛。解僱他們，並不太妥當，繼續用他們，似乎又不好。那該怎麼辦呢？

某公司的一名業務員自恃功勞甚大，有很大的銷售業績，無人可比，就時常違犯一些公司的規定和紀律，例如，定期召開的業務員會議，他即使沒出差也經常無緣無故不參加，還經常帶自己的小孩到辦公室來，把公司當成遊樂場。

經理忍無可忍，一氣之下來了個「揮淚斬馬謖」。可是，這位經理在解僱這名業務員時犯了一個錯誤，太過於衝動草率的結果，使得原有的幾十家客戶紛紛流失，導致公司蒙受了重大損失。

想要解僱這樣的員工，絕不能草率行事。在解僱之前，不妨先教育和告誡他，即使最後還是決定要解僱，也一定得向密切往來的客戶說明原委，如此才不至於陷入「趕走了和尚，帶走了香客」的不利局面。

當然，不稱職的下屬，並不全是一些違反公司紀律和規定，或把上司講話當耳邊風的人，也有一些是誠實肯幹，但礙於自身的素質或是適應能力等因素，而不適合於某個職位。在這種情況下，你就不應解僱他們，只要想辦法把他們調到不重要的崗位就行了。

有些企業的經理在解僱員工時總有一種心理，擔心他們會到處造謠，毀謗自己，因而對於這些小錯不斷的下屬，總是姑息縱容，遲遲不願下手。

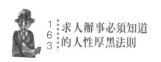

你應該意識到，這樣的員工雖然不會犯大錯誤，但他對公司的影響卻是負面的，就像中國的一句俗語：「一粒老鼠屎搞壞一鍋湯」，因此，一定要及時加以解決或處理，或迅速調離崗位，或加以撤職。

當然，對於一些偶爾違反規定、犯點小錯誤的人，在採取行動之前，還是要先加以提醒和教育，在教育無效之時，才按公司的法規和制度來辦事，讓他走人。

厚黑智典

所謂的失敗，就是一個人出了紕漏，卻沒能從經驗中學到教訓。

——美國商人賀柏德

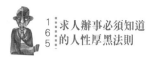

如何踩著同事的肩膀往上爬

你能不能踏著同事的肩膀順利往上爬，全看你是否平常就牢牢掌握了同事的心，這會影響到他們願不願意在關鍵時刻支援你，至少不要扯你的後腿。

科學家牛頓曾經說過：「如果我比笛卡爾看得遠，那是因為我站在巨人的肩膀上的緣故。」

在一家公司或一個團體裡工作，想要順利獲得晉升，你也必須站在同事的肩膀上。首先要瞭解自己目前所處的地位，還要處理好上司、部屬與同事這三者之間的人際關係，並想辦法牢牢掌握部屬和上司的心。

最重要的是，你一定要摸清楚同事們的工作狀況和生活情形，瞭解他們的興趣和願望，和他們保持和諧的關係，才能借力使力，讓自己順著這條渠道，比他們更快獲得升遷。

一般而言，同事是指和自己職位相等的人，比普通只是在一起工作的人還要親密的工作夥伴。在公司部門裡，特別是在晉升機會較少的部門，每當有職位出缺，就有許多競爭者為了晉升而勾心鬥角，擠得頭破血流，從來不會靜下心來思考如何利用同事，幫助自己達成夢想。

在職場工作，維持生活開銷和獲得成功的感覺，是上班族最原始，也是最大的目的。因此，在不違背自己價值觀念、不使用權謀詐術的原則下，只要你能牢牢掌握同事的心，想要達成自己的目的，絕非困難之事。

古人說：「讓人三分，為善之本。」如果你平時就能對同事表現這種寬大的胸懷，設法去瞭解他們的心思，盡力幫助他們達成目標，那麼，這些同事就會變成你最佳的墊腳石，升遷的時機一到，你就能捷足先登，踩著他們的肩膀往上往上跳，比其他人爬得更高更快。

在等待升遷的時候，為了要讓這種可能性更加篤定，平常你就必須讓週遭的同事公認你有資格成為他們的新上司。再說，要讓他們日後心甘情願為你效勞，也必須使他們對你的爲人處事心服口服才行。

一般而言，人事單位在考慮是否由你晉升之前，會先徵詢其他同事的意見：「你們認爲他適當嗎？」

同事們所表達的意見，或許不會直接左右人事單位的決定，但還是會被列入人事審核的重要參酌資料。假使人事單位所得到的答案是：「要我在他手下做事，門都沒有！」那麼，即使你最後還是晉升了，將來也無法順利地管理你的部屬。

你能不能踏著同事的肩膀順利往上爬，全看你是否平常就牢牢掌握了同事的心，這會影響到他們願不願意在關鍵時刻支援你，至少不要扯你的後腿。

因此，平常就要努力做好同事之間的人際關係，千萬不可疏忽。

厚黑智典

發明家全靠了不起的信心支持，才有勇氣在不可預知的天地間前進。

——法國作家巴爾札克

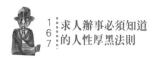

如何善用自己的「手腕」

就像古時候封建貴族們擁有自己領地和城池一樣，你也應該為自己好好地挑選一個有利的戰鬥位置，才能據此「攻城掠地」。

如果你擁有出色的才幹，常常協助別人解決難題，而且在公司擁有和諧的人際關係，你就掌握了許多可供使用的籌碼，一旦你需要幫助的時候，隨時都可以轉換成自己的助力。

只要你不輕易浪費籌碼，久而久之，這些籌碼就會累積成一大筆無形的財產，爲自己鋪設一條平步青雲的晉升之路。

當你擁有了別人所欠缺的助力，接著就可以根據自己的專長，擬定日後的升遷目標，想辦法讓自己躋身最有利的位置。

你不妨思索：「在公司裡，最有利的職位是什麼？最不利的職位又是什麼？我要朝哪個方向前進，才能快速躋身權力中樞？」

你必須先確認自己的專長與希望獲得的職位，然後把這個職位當成跳板；就像古時候封建貴族們擁有自己領地和城池一樣，你也應該爲自己好好地挑選一個有利的戰鬥位置，才能據此「攻城掠地」。

也許你會問：「難道別人就不會運用手腕嗎？」

不錯，競爭無時不在，很多人都同樣處心積慮地在圖謀籌劃，想要爬到最有利的地位，握有最大的實權。

但是，你不必擔心也不用介意，因爲，整天漫無目的地過日子，毫無奮鬥目標的仍然大有人在。

法國作家維尼說：「平凡的人聽從命運，只有強者才是自己的主宰。」

有些人外表像老虎般威武勇猛，實際上卻只是個唯唯諾諾的好好先生，軟弱得近於任人宰割的羔羊。

有的人雖然頭腦聰明，足以成爲你競爭上的勁敵，但是，這些人往往既恃才傲物，又缺乏耐心、毅力，因此也成不了氣候，你只要能善用自己的籌碼和手腕，成功最後必然屬於你。

厚黑智典

當一個人即將成為自己的理想中人物時，正處於巔峰狀態，但是在達成目標之後，他就可能失去原來的聰敏。

——E·詹森

如何選擇你工作上的「另一半」

你所選出的副手人才，特別是主要的副手人才，一定要具備這樣的素質，即你因故不在工作崗位時，能負責處理臨時出現的重大問題。

俗話說：「一個光桿司令打不了天下」，對於一個想有一番作爲的領導者，選擇身邊的副手是很重要的事。

選擇副手，可以考慮以下幾個方面的法則：

•參與決策和有效執行的法則

領導選擇副手，首先必須明瞭，你所選擇的人不僅是自己的助手、執行者，而且是主要決策群中的一員，他們不但必須明確知道每一個決策的背景、方向，並且積極參與決策。

副手參與決策程度越高，責任心就會越強，效率就會越高。

如果你只把副手當作「應聲蟲」、「傳話筒」，或者要求他們只能順從自己的意見，勢必要導致失敗。

‧發揮優勢原則

每一個人都有自己的優勢和劣勢、長處與短處，現代社會以每一個人的全面而自由的發展爲基本原則，在民主、和諧的環境下，人才的特長必定會大放異彩。

‧才職相稱法則

所選人才的素質、才能，一定要與他所任職務的職權、職責、任務相稱。

‧決策權可以轉移法則

你所選出的副手人才，特別是主要的副手人才，一定要具備這樣的素質，即你因故不在工作崗位時，能負責處理臨時出現的重大問題。

‧群眾接受法則

選用人才，一定要考察大多數（七〇％以上）人對該他的接受程度，看衆人對他是否信任、支持、理解，否則會產生不良的後果。

•主動結構法則

你在選擇副手時，一定要考慮所選人才，與自己能否形成合理的主動結構。所謂主動結構，就是在決策群的結構中，不僅處於中心位置，而且是動力來源和神經中樞。你在集體智慧形成決策後，如果能很靈活地啓動各個副手去貫徹執行這項決策，那麼整個機器便能良好地運轉。

•精簡法則

你不能以爲副手越多越好，其實恰恰相反，班底成員超過一定的數限，便會影響決策效率。據有關的研究，領導班底成員一般不超過七人。

厚黑智典

如果你想比其他人表現得更好，就要擁有與眾不同的特色。

——波頓

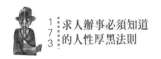

哪些人才進入你的領導班底？

忠誠老實是傳統美德。忠誠型人才是任何時代、任何領導者都歡迎的人。他們忠心耿耿的優秀品質，使他們在領導者心中，有著不可動搖的地位。

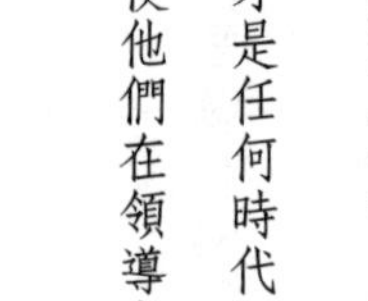

明白了挑選副手的法則，其實還不夠，必須進一步明瞭，到底哪些人才可以進入你的選擇範圍呢？以下就是六種人才的基本特質。

• 通才型人才

這類人才知識廣博，基礎深厚，善於出奇制勝、集思廣益，有很強的綜合、移植、創新能力，善於站在戰略角度深謀遠慮。當領導者本身不是這類通才時，一定要選拔通才型的人為副手。

• 補充型人才

補充型最適合做領導者的副手。該類人才可以分爲兩類：

一是自然補充型，即具有領導所短缺方面的長處，進入領導班底後，便會自然而然地會以本身之長補領導者之短，強化了領導集體的優勢。這類人才能否出頭，主要在於領導者善加挑選。

二是意識補充型，即能自覺地意識到自己的地位、作用，善於領會領導者的意圖，明白領導者的長處與短處，積極地以己之長去補領導之短。

・實幹型人才

實幹型人才，是每一個領導班底中必須有的人才。這類人才肯埋頭苦幹、任勞任怨，做事高效率、高品質，是領導者身邊不可缺少的人。但是，這類人在大多數情況下，往往缺乏保護自己的意識與能力，因此總是爲明槍暗箭所傷，領導者要善於爲他們護航。

・忠誠型人才

忠誠老實是傳統美德。忠誠型人才是任何時代、任何領導者都歡迎的人。他們忠心耿耿的優秀品質，使他們在領導者心中，有著不可動搖的地位。

當然，這種忠誠絕對不是不經思考或是盲目的「忠誠」，而是忠實地執行領導者的計劃。維護集體的利益是他們的最高使命，當領導者的某些言行與政策相牴觸時，或與共同目標發生偏差的時候，他們也會義不容辭地以適當的方式，向領導者提出中肯的建議。

•競爭型人才

這種人才有能力，能在複雜多變的環境下獨立處理好公司的問題，面對困難勇於拼搏，毫無嫉妒之心，有「敢爲天下先」的魄力與激情，不達目的絕不罷休，直至獲得重大成就。

但是，這種人才不屈不撓的鬥志與咄咄逼人的銳氣，容易對領導者造成心理壓力，因此，心胸狹窄的領導者往往不敢重用，甚至加以貶斥，使他們比常人遭受更多的非議和委屈。

一個英明的領導者，應該懂得這種人才是開創新局面、拓寬新道路的最佳人選。當他們遇到各方面的困難時，要多給予他們關懷、愛護，並以豁達的心境主動地與他們展開友誼的競賽。

・潛在型人才

這類人才以年輕人爲主，年輕人充滿朝氣，敢爲天下先，才華初露，但未成熟，才能處於隱性階段，需要經過一段時間的培養、實踐、訓練……等過程，方能脫穎而出，擔當大任。

所以，對這類人才，領導者要有長遠眼光，要有關懷愛護之心。

厚黑智典

世事總難皆大歡喜，當烏合之眾齊聲對你稱讚之時，就證明其中肯定有問題。

——塞內加

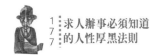

學歷文憑不是用人的尺度

一個人的資歷、頭銜有時候並不完全是依靠自己的努力得來，有的是因為「朝中有人」，有的是善於向上級獻媚而得寵，還有的只不過是因襲先輩的位置。

古人曾說：「用人不限資品，但擇其才」，意思是說，使用人才不應該侷限於這個人過去的資歷以及位階級別，只要有才能就應該加以任用。

資歷深淺、層級高低，固然能夠說明這個人的過去，對於衡量他的工作能力有一定的參考價值，但這些資歷畢竟只能代表一個人的過去成績，而無法說明現在與將來到底能不能有所表現。

更何況，有的時候，一個人的資歷、頭銜有時候並不完全是依靠自己的努力得來，有的是因爲「朝中有人」，有的是善於向上級獻媚而得寵，還有的只不過是因襲先輩的位置。

特別是，對於剛加入工作行列的年輕人，以學經歷取人的做法更不公平，必定會扼殺許多優秀人才，使他們有勁使不上，有才華卻無處發揮！

我們不妨來看一份個人簡歷。

一九八五年，她是ＩＢＭ中國公司一名極爲普通甚至低層的辦公室勤務。

一九八六年，她獲得培訓機會，並進入該公司的銷售部門工作，隨後升任ＩＢＭ公司中國華南地區總經理。

一九八七年，她成爲ＩＢＭ公司中國銷售渠道總經理。

一九九八年，她擔任微軟中國公司總經理。

這個人是誰呢？在我們的想像中，能夠出任如此重要職務的人，不是曾留學於美國著名大學，也一定畢業於大陸的著名學府。然而，這個人的學歷遠沒有你所想的那麼炫赫，她只有大陸初中文憑和一張成人高考的專科文憑，她就是被譽爲「中國打工皇后」的吳士宏。

當然，吳士宏算是相當幸運的，因爲她走對了路，一開始就進入外資企業，如果她是在一家中國經營的企業工作，能否有今天的成就，就很值得懷疑了。我們當然不是懷疑吳士宏的才華與能力，只是懷疑大陸的國營企業，能否給一個只有初中文憑的人培訓和發展的機會。

在這方面，中國著名的數學家熊慶齡也做得非常出色。當時，他是清華大學一個赫赫有名的大教授，而華羅庚則只不過是一個默默無聞的雜貨店店員。但華羅庚酷愛數學，有一次他意外地從熊慶齡的論文中發現了一個錯誤，於是，便寫了一封信給熊慶齡，並附上自己的看法。

照理說，熊慶齡根本不必理睬華羅庚的冒昧行爲，但他仍仔細地把信讀完，並驚喜地發現華羅庚的看法是對的。

當熊慶齡進一步了解了他的身世之後，大爲感動，覺得他有非凡的數學才能，是一個大有前途的可造之才。於是，熊慶齡不顧其他人的反對，利用自己的影響力，聘任華羅庚爲清華大學的教師。

果不其然，華羅庚後來成爲了享譽世界的大數學家。

如果，當初熊慶齡首先考慮華羅庚的資歷，那麼華羅庚的人生經歷，恐怕就得全部改寫了。

一定要記住，學歷只是一張短程車票，而人生的旅途卻是漫長的，因此，你還得不斷爲自己補票。

厚黑智典

一台機器能夠做五十個普通人的工作，但無法取代一個非凡人士的工作。

——美國商業鉅子賀柏德

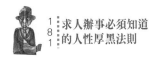

文憑不是成功的通行證

美國著名的教育家和思想家戴爾．卡耐基就曾說過這樣的話：「一個人的成功，百分之十五取決於他個人的文化知識，而百分之八十五取決於他的人際關係和其他因素。」

日本松下公司的創辦人松下幸之助退居二線的幾年裡，公司的業務不太景氣。於是，松下幸之助召見了一個叫山下俊彥的公司董事，請他出任總經理。

當時，山下俊彥在公司中權力很小，在二十六個董事中也僅排名在第二十五位。但松下幸之助卻沒有理會這些因素，而是很肯定地對他說：「我就是要你當公司的總經理。」

這個突兀的舉動把山下俊彥給弄得莫名其妙，他知道在他前面還有許多資歷比他豐富的人，於是極力委婉推辭。

但是，松下卻堅持任命他當總經理，甚至還請來他的女婿進行說服工作。最後，松下的誠意終於打動了山下俊彥的心，放棄自己資歷淺的思想包袱走馬上任。結果，在短短的兩年內，山下俊彥就把松下電器公司從困境和虧損的邊緣拉了回來，並使公司迅速發展起來，利潤額猛增。

用人除了不能以工作資歷做爲標準外，也不能以學歷和文憑做爲用人尺度。文憑雖然可以當做錄用的參考，因爲它畢竟代表了一個人過去的教育程度和可能具備的學識知識，但對於目前工作的勝任與否，卻又是另外一回事，兩者不能完全劃上等號。

在日常生活中，我們可以經常看到，有一些人沒有很高的文憑，甚至只是中、小學程度，但他們在工作中卻如魚得水，走向成功的道路。而又有一些人，雖然擁有博士、碩士文憑，但在事業和工作上卻表現得差強人意，這是什麼原因呢？

美國著名的成人教育家和思想家戴爾．卡耐基就曾說過這樣的話：「一個人的成功，百分之十五取決於他個人的文化知識，而百分之八十五取決於他的人際關係和其他因素。」

因爲，文憑僅僅代表著一個人可能擁有理論知識，而並不是實際工作經驗，一個理論知識不豐富的人，同樣可以通過實際鍛鍊來彌補，而且，透過這種方式所得來的知識，要遠比書本深刻、豐富得多。

許多國內外知名企業的創始人和大企業家，都沒有傲人的學歷，如果硬要以文憑論英雄的話，那麼他們恐怕永無出頭和成名之日。

厚黑智典

缺乏智慧的知識，就好像是墊在屁股下面的一疊書而已。

——日本諺語

給下屬一定的發揮空間

如果企業的領導人包辦一切，什麼事都管得緊緊的，而不給下屬一定的自由和權力，那麼，不僅自己要累死，也極容易培養出一批不願動腦、沒有開創精神的職工。

權力就像一根帶刺的棒，你抓得越緊，它越刺手。

有一家雜誌社的老闆，僱請了一個剛出校門的女大學生當助理編輯。這個女學生頗有創意才華，一上班就對雜誌的版面設計，進行了各種創新嘗試。

豈料，老闆見後大皺眉頭，認爲太花俏，並對她說，他這裡不需要創意這些玩藝兒，只要依照一貫的雜誌風格設計版面就行。女大學生聽後，從此也就不再做出任何創新的改進，只做個盲目服從命令和要求的下屬；而該雜誌社也在不久之後，因爲缺乏新意而被淘汰。

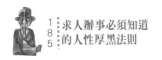

再如，美國有一個名叫漢斯的人，憑藉著不斷努力，把先前自己一家小小的店鋪發展成了幾家大型的百貨商店。

但公司的規模擴大後，漢斯依然採用管理小店鋪的老辦法進行管理，事情無分巨細，都要過問，哪個管理者做什麼、該怎麼做，哪個員工做什麼、該怎麼做，他都規定得非常細緻並且嚴格。

結果，有一次，漢斯因業務外出，還不到一週，反映公司大小問題的信件、電話和電報就源源不斷，而且盡是些無關企業大局的小事，聽候他的處理，迫使他不得不趕緊打道回府。

眞正的企業家舉重若輕，抓大權而放小權，漢斯是個不懂得如何運用權力的人，所以儘管他累得四腳朝天，也管理不好他的百貨公司。

有家公司的經理張先生，奉派到國外出差一段時間。

臨走前，他把公司的大小事務安排得清清楚楚，並告訴下屬們，萬一有什麼問題，應立即打電話向他報告。

他本身就是一個做事仔細、什麼事都親自下命令的人，雖然他有不少處理日常事務的下屬，但他從不把有責任性的決策權交給他們，因爲，他不相信他們的能力。

然而，由於不可意料的原因，張先生不得不在國外耽擱更長的一段時間。他想，自己不在，公司這下可能一團糟了，不知道部屬能否把公司的事情處理好。

但是，當他憂心忡忡的回國後，卻發現公司的運轉並沒有因爲他不在而受到什麼影響，一切依舊井然有序。

令他意外的是下屬們也各自負擔起自己的責任來，碰到了困難，或一個人不能決定的事，大家就互相商量，最後再做決定。

這時，張經理恍然醒悟：「我以前總認爲只要我不在公司，業務就一定會停擺，現在我才知道那是我太自信了。雖然我一個多月不在公司，但是他們做得比我在的時候還要好，這讓我驚訝，更重要的是，這次出差讓我知道了，公司日後的工作不能只靠一個人，而要靠大家的通力合作。」

由此可見，如果企業的領導人包辦一切，什麼事都管得緊緊的，而不給下屬一定的自由和權力，那麼，不僅自己要累死，也極容易培養出一批不願動腦、沒有開創精神的職工。

有些領導人雖然給了下屬一定程度的揮灑空間，但有時候，卻對他們又不放心，因而進行越權指揮，長此以往，他們就會感到有職無權，辭職走人也就成了意料之中的事了。

厚黑智典

一個擁有權力的人，每天的行動若能與本身的權力相配，才算有資格擁有權力。

——瑞典作家哈馬紹

縮短自己和別人心理上的「距離」

要記得，糾纏不休並非明智之舉，那會使人喘不過氣來，覺得你陰魂不散，會讓人大傷腦筋。

在交際領域中，有一門學問叫作「距離學」，這是依照距離，試著去思考各種問題的學問。

我們無論是在演講會、同學會、紀念會、宴會等場合中，每當可以自由就坐時，就會考慮：該坐哪個座位比較恰當呢？

在這種狀況下，往往就會出現高興坐的座位、敬而遠之的座位，或者是無可奈何的座位。

遇上這種情況時，你將以什麼基準選擇座位呢？

如果你是性格內向或者是比較沈默寡言的人，參加各種聚會時，或許會選擇坐在後面或坐在角落。

假若從人際關係方面去考慮，無論在什麼場合，大多數人一定會坐在自己喜愛的人旁邊，並遠離平時討厭的那些傢伙。反之，會環繞在自己座位周圍的人，大概是不會討厭自己的人。

由此可見，距離應該與感情上的好惡有關。

因此，如果我們想建立並維持良好的人際關係，就要設法縮短自己和別人之間的心理距離。

縮短彼此心理距離的方式是，常常保持適當的聯繫。

但是，要記得，糾纏不休並非明智之舉，那會使人喘不過氣來，覺得你陰魂不散，會讓人大傷腦筋。

如何好好地平衡這兩面呢？

法國劇作家莫里哀曾經這麼說：「友誼的結合，是要經過考慮與選擇，才能生長出來的。」

因此，和別人交往的過程中，必須發揮智慧來考慮對方的立場，以及理解正確的人性，在待人接物中做到熱情且不過分，客氣而不失禮貌，這樣一來，你就能獲得良好的人際關係。

厚黑智典

溫和、謙遜、多禮的言行表現，有時候能產生使人回心轉意的效果。

——薩迪

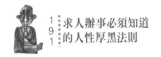

你在乎自己身上的「味道」嗎？

為了在交際活動中如魚得水，每個人都應該留意自己身上所散發的味道，保持乾淨整潔的儀表。這是待人接物最起碼，也是最重要的禮節之一，可千萬馬虎不得。

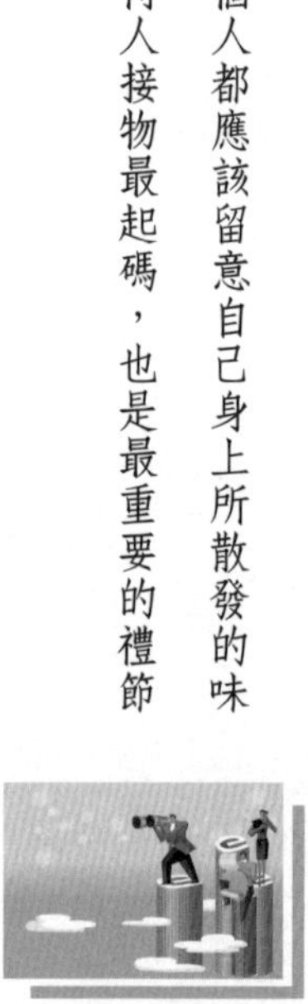

骯髒懶惰的人或許會以爲，只要注意待人的禮節，即使偶爾不洗澡不刷牙，也不至於引起別人的反感。

他們往往認爲，這些對人際關係影響不大的事情何必花太多時間，不如將時間花在學識上，以博學多聞來贏得他人的尊敬。

只是他們可能從沒考慮：從自己骯髒的身體上散發出的各種臭味，周圍的人受得了受不了？

毫不在意於口臭、狐臭……等毛病的人，即使在行爲上表現得再有禮貌，也肯定會惹人討厭。

此外，也有人由於胃病、牙病，以至於散發口臭，而本人卻毫不留意，那就簡直是在製造「口害」了。

在公共場合裡，難以避免地會與別人面對面交談，因此，「臭味」的問題可不能漠不關心。試想，假如你一坐下，周圍的人立刻逃也似的躲避你，是不是非常尷尬難堪呢？

每個人都有自己獨特的味道，遇見某人後，如果他身上散發出令人愉快的香味，你必定會對他懷有好感。

如果他吃過大蒜卻不刷牙漱口，滿嘴嗆人的味道，而卻一副滿不在乎的樣子，你心裡頭一定恨不得馬上掩鼻而逃。

要明白，一個人散發出的味道，對周圍的人一定會造成影響，甚至將改變自己的人際關係，這絕不是聳人聽聞。

英國思想家培根說：「得不到友誼的人，是終身可憐的孤獨者；沒有友誼的社會則只是一片繁華的沙漠。」

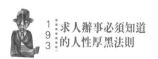

爲了在交際活動中如魚得水，每個人都應該留意自己身上所散發的味道，保持乾淨整潔的儀表。

這是待人接物最起碼，也是最重要的禮節之一，可千萬馬虎不得。

厚黑智典

得不到友誼的人，是終身可憐的孤獨者；沒有友誼的社會則只是一片繁華的沙漠。

——培根

PART 6

要爭天下，必先爭人

爭天下必先爭人，

而人才的來源除了要自己努力培養外，

還要把眼光放在外面，

從外地引進和挖掘人才。

千萬別去踩別人的痛處

唯有小心觀察，不觸及對方的「逆鱗」，也就是我們所說的「痛處」，才能保持圓融的人際關係。

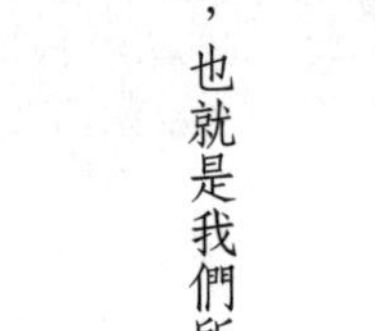

一個人若想和上司、同事間建立良好的人際關係，一定要記住：保持適當距離，做事公私分明，尤其要注意不要踩到別人的痛處。

被擊中痛處，對任何人來說都是件不愉快的事。

不管在什麼情況下，不去碰觸別人的痛處，不但是待人處事應有的禮儀，更是在都市叢林中左右逢源的關鍵。

有修養的人即使在盛怒之下，也不會擴散憤怒的波紋，但是涵養不夠的人，被激怒了，往往就會面露兇貌、口出惡言，甚至隨手拿起手邊的東西往地上摔。

某些人暴跳如雷的時候，甚至還會口不擇言，用各種侮辱性的語言攻擊別人最敏感的隱私。

一旦你攻擊他人的痛處，修養好的人雖不至於當場發作，與你破口對罵，但心中的疙瘩和怨恨往往難以抹平，如果他是你的上司或客戶，那麼你就會變成被「封殺」的對象。

在公司裡，「封殺」意味著調職、冷凍、開除。

如果你是公司負責人，「封殺」就代表著對方拒絕繼續與你往來，或是「凍結彼此的關係」。

中國古代有所謂「逆鱗」的說法，強調即使面對生性再溫馴的蛟龍，也千萬不可掉以輕心。

傳說中，龍的咽喉下方約一尺的部位，長著幾片「逆鱗」，全身只有這個部位是逆向生長的，萬一不小心觸摸到這些逆鱗，必定會被暴怒的龍吞噬。至於其他部位任，不論你如何撫摸或敲打都沒關係，只有這幾片逆鱗，無論如何也觸摸不得，即使輕輕摸一下也犯了大忌。

其實，每個人身上也都有幾片「逆鱗」存在，即使是人格再怎麼高尚偉大的人也不例外。唯有小心觀察，不觸及對方的「逆鱗」，也就是我們所說的「痛處」，才能保持圓融的人際關係。

厚黑智典

如果一個人不知道他要駛向哪個碼頭，那麼，任何方向都不會是順風。

——古羅馬思想家塞內卡

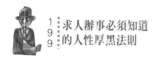

老實是無用的別名

只有老好人缺點最少，得罪人最少，但是，他們往往表現得膽小怕事，正印證了一句俗語：「老實是無用的別名」。

每個人都有或大或小的缺點，懂得選才用人的領導人，毫無疑問的，識人要細、知人要全。領導用人的著眼點，首先一定要盯在一個人的長處上，焦點集中在一個人的優點上。一個聰明的領導者審查人才時，絕不會先看他的缺點，而是要看他是不是具備完成特定任務的能力。

在用人方面，之所以出現「外來的和尚會唸經」，是因爲不少領導者在選才用人時，好像是在西瓜地裡挑西瓜子一樣，挑花了眼還下不了決定。

只看別人的短處，肯定就會越看越不順眼，越看越不滿意，因爲你會不自覺地把別人的短處放在首位，結果長處就無形中被忽視和排斥了，於是，「我這兒沒有人才，人才還得到外面去找」，就成了某些領導者的口頭禪。

其實，在生活中，一些越是有才能的人，他們的缺陷也往往越明顯，譬如，有才幹者恃才傲物、有魄力者不拘常規，如果我們對他們的錯誤或缺失看得太嚴重，從而把他們閒置一旁，未免太可惜了。相反的，只有老好人缺點最少，得罪人最少，但是，他們往往表現得膽小怕事，正印證了一句俗語：「老實是無用的別名」。

因此，一個高明的領導人，用人一定要用有所長的人，而不要傾向於用老好人、四平八穩的人。古往今來的人才，都是有缺點的，就像古人所說的：「水至清則無魚，人至察則無徒」，領導者對人才可以從嚴要求，但絕不能吹毛求疵。

厚黑智典

一點缺點也沒有的人，通常也不會有什麼優點。

——美國總統林肯

不要隨便戴別人送的「高帽子」

你要記住，很多人都在設法挑你的毛病，所以不論幹什麼事情，隨時保持頭腦清醒，以免無意中出了什麼差錯。

公司或單位裡，經常會有人在你面前說東道西，你可千萬別照單全收，因為由別人那兒聽來的話，往往過於誇大。你要在心中安一個天平，秤出哪些話是金玉良言，哪些話是胡謅的無稽之談。

其實，稍有工作經驗的人，都能分辨出哪些是真心話，哪些是違心論。上司的甜言蜜語只能哄騙那些頭腦簡單的人。

任何公司都一樣，上司很容易忘記部屬所立下的汗馬功勞，除非你不斷創造佳績，否則不要輕易相信上司所說的這樣的話：

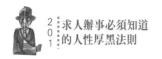

「公司認爲你是個不錯的人才，我也這樣認爲。」

「無論是公司還是我個人，都很關心你的升遷。」

「別急，你的事包在我身上。」

「我不去其他高薪的公司，是想留在這裡好好照顧你。」

尤其是，當你參加公司的聚餐，最好先有心理準備，也許上司會對你說：「散會後我們再去喝一杯，或去打打牌、聊聊天，消磨消磨時間。」

聽了這些話，也許你會怦然心動，認爲偶爾輕鬆一下也未嘗不可。但是，除非逼不得已，否則千萬不要和上司去尋歡作樂，因爲你若參加了上司們的聚會，就會變成他們觀察與注意的目標，日後也必然成爲他們排斥的對象。

如果上司一再拖拉，要你非參加那種聚會不可，那麼你就要切記不可飲酒過量，否則，上司會認爲你原來是一個酒徒。再者，酒喝多了之後，你可能失言，無意中得罪了上司。

聚會之後，你最好不要在通宵的牌局中參一腳，否則，翌日你會疲憊不堪，頭腦混亂，影響到上班的精神。

千萬不要忘了四周的人都在觀察你，用眼睛緊盯著你的一言一行，因此你禮貌性地待了一會之後，就得藉故離去。

你可以藉口不舒服或其他原因提前告退，這比總你陪上司通宵達旦玩樂、打牌後接著上班好得多。

你要記住，很多人都在設法挑你的毛病，所以不論幹什麼事情或開會、聚餐，都絕不可以遲到，即使是你最不願意參與的某項活動，也要裝成興致勃勃的樣子。隨時保持頭腦清醒，以免無意中出了什麼差錯。

厚黑智典

在生命中沒有任何一個年齡或時間，也沒有任何立場或情況，能讓人永遠維持成功。任何年齡都是朝成功努力的開始。

——傑洛大主教

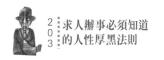

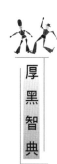

找出下屬造成巨大損失的原因

競爭激烈的商場如戰場，失敗一次就已經落後別人了，如果不趕快找個得力人才來迅速改正並推動發展業務，就極有可能從此一蹶不振，淹沒於競爭的汪洋大海之中。

當下屬對公司造成巨大損失時，首先要迅速地調查問題的原因，而不是忙著斥責或解僱他。

如果是因爲外部不可抗拒、不可預測的原因，你應當繼續留用他。

例如，前美國克萊斯勒汽車公司總經理艾科卡，在他上任剛把人才配置到位不久，就爆發了兩伊戰爭，並因此衍生了石油危機。公司資金嚴重短缺、週轉不靈，人才一個個離去。

這對於剛剛起步的艾科卡，無疑是一個致命的打擊，幾乎把他擊倒在地。

但是克萊斯勒汽車公司的董事們，並沒有因此立即撤換艾科卡的總經理職務，因爲他們知道這不是他的錯誤，而是誰都無法避免和預見的問題，並在隨後的日子裡繼續支持艾科卡的工作。

果然，儘管遭受了這場意外的損失，但很快的，艾科卡就運用自己的才能，進行各方面的活動，包括向國會議員們遊說，獲得了更多的銀行貸款，終於渡過了他上任以來的第一次難關，並使克萊斯勒公司迅速地發展起來，成爲了美國汽車工業第三大巨人。

如果經過調查，造成重大損失是部屬能力和知識不足的緣故，那麼就要毫不猶豫地加以解僱。

因爲，競爭激烈的商場如戰場，失敗一次就已經落後別人了，如果不趕快找個得力人才來迅速改正並推動發展業務，就極有可能從此一蹶不振，淹沒於競爭的汪洋大海之中。

國外一些大公司的總經理，即使是沒有犯下重大的錯誤，也有可能遭到解僱，原因是，一個人在同一個崗位待久了，就會產生惰性，思維僵化，不思進取。而換一個新的領導人，則會帶來新的氣息和思路。

還有些平庸的人，雖然在工作崗位上並沒有犯大的錯誤，但也沒有發揮應有的作用，領導者也必須嚴格地限他在一定時間內做出成績，否則，就要痛下決心，毫不猶豫地撤換。

日本三洋電機公司總經理井植薰的一個小故事就很有啓發性。

有一次，一家分公司經理來詢問他：「不知爲什麼，分公司老是不賺錢，你能否做個診斷？」

於是，他來到了這家分公司視察，隨口問陪同他的經理：「這個零件，是多少錢買來的？」

「這個……我不知道，要問問採購科長。」

「是嗎？既然如此，讓那位科長來當經理如何？這樣就會賺錢了。」

過了一段時間，井植薰又來到了這家分公司，但他這次二話不說，只要這位經理把企業利潤表拿來看看。當他看完幾個月來分公司的效益還是低迷不前時，就不聲不響地走了。

很快的，這家分公司的經理就收到了一封解僱書，後面還附有一張紙條：我不能容忍一個人在這個位置上幾個月毫無建樹。

厚黑智典

有些人的錶在某個時間停了，人也跟著停留在那個時期。

——法國評論家聖伯夫

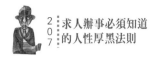

部屬要跳槽，你該怎麼辦？

萬一出現了部屬跳槽情況，你不應有過激的行動。能夠以自己的敬業精神感動和留住人才，當然是件好事，萬一他們非走不可，你也要寬宏大量的熱情加以歡送。

有位企業經理人說：「要觀察一個領導者的待人之心，最好的時刻就是在下屬提出辭呈的時候。」

部屬辭職的原因有很多種，有的是覺得你還不夠重視或重用他，有的是覺得這個地方太小，沒有什麼發展前途；還有的是受到同事或其他人的排擠；當然，還有人爲了高待遇而辭職……等等。

隨著市場競爭和商業戰爭愈演愈烈，許多下屬爲了高薪和工作環境而提出辭職的情況也不斷出現。

譬如，一些市場上的獵人頭公司一瞄上了一家公司的高級領導人才，就會開出更好的條件和更高的酬勞做爲誘惑，從而把他挖到其他的公司去。

面對這些情況，你該怎麼辦呢？

某家企業集團的總經理對於人才的去留，有一番較透徹的見解。他認爲：「人才是受市場利益驅使的，不能再像過去舊經濟時代那樣，把人綁得死死的，人人都有選擇的權力。因此，你在用這些人才時，一方面首先要信任他們，盡可能地使他們的才能得到發揮，使他們的價值得到體現；但另一方面，企業領導者也要有危機意識，要時刻準備著這些人才跳槽，因為現在外面的誘惑太多，有些條件你無法和別人相比。」

萬一出現了部屬跳槽情況，你不應該有過激的行動。如果，你能夠以自己的敬業精神感動和留住人才，當然是件好事，萬一他們非走不可，你也要寬宏大量的熱情加以歡送。

至於有些員工和下屬在外面闖蕩了一段時間後，又折回來，如果他們是可用之才，你還是要攤開雙手歡迎。

因爲，這是他們自己在外面工作後得來的感覺，覺得還是你這兒最好，你爲什麼要去拒絕，甚至嘲笑他們呢？

厚黑智典

我們之所以會擁有這麼多東西，是因為我們經常拋棄舊事物，藉由汰舊換新，讓我們得以享受更好的生活品質。

——企業家A·史隆

外表並非能力的保證書

最能展現價值的並不是外表，而是本身的才能和對志業的追求及熱愛。如果要以外表來取人的話，那麼，所有的政府官員、企業總裁豈不是都得由模特來擔任？

有句古話說：「人不可貌相，海水不可斗量」。意思是說，人的才能與相貌之間沒有必然的聯繫，才幹只存在於一個人的內在，想要檢驗一個人是否具有眞才實學，只能透過實際工作加以印證，而很難經由觀察他的外貌得出結論。

像美國歷史上著名的林肯總統，長相就非常醜陋，但是他卻並不因此而自鄙。他強調說，人在四十歲之前對自己的長相是無能爲力的，但是，過了四十歲之後就得自己負責任。

正是因爲有了這種自信，所以林肯完全忽略了自己外在的醜陋，而專心於事業和工作。結果，他成了美國的總統，美國人們也完全不覺得他們的總統是一個其貌不揚的人，因爲人們被他的才華所折服了。

但在實際生活裡，以外貌取人的現象相當普遍，譬如中國許多章回小說中，往往把鼻直口方、兩耳垂肩描繪成是帝王將相，而把長得尖嘴猴腮、稀眉豆眼的人當成了奸詐小人。

誠然，外表堂皇的人，更容易受到人們的注意和歡迎，但倘若以此論定一切，那就大錯特錯了。

因爲，對一個人而言，最能展現價値的並不是外表，而是本身的才能和對志業的追求及熱愛。如果要以外表來取人的話，那麼，所有的政府官員、企業總裁豈不是都得由模特來擔任？

美國一家汽車商招聘推銷員，前來應徵、面試的多爲相貌堂堂、儀表不凡的「公關先生」，只有一個穿普通工作服，長得又矮又瘦。大家都認爲這個瘦皮猴肯定過不了關，但是直到招聘會結束，這個外表並不討人喜歡的瘦皮猴並沒有被刷掉，反而被公司正式錄用了。

原來，這個瘦皮猴的口才相當漂亮，他用語言方面的天賦征服了該公司的管理者們，並且，在口試中，表現出對推銷工作的熱愛。因此，公司的管理者們完全有理由相信：能夠輕鬆、自信推銷自己的人，也必定能夠推銷公司的汽車。

另外，一個有遠見的企業領導人也不能以性別來論人，更不能有性別歧視。

中國有一句俗話說：「頭髮長，見識短」，雖然只是一句玩笑話，但其中的貶意不言可喻。

事實上，科學上早有研究定論，從智力上來說，男女之間並無多大差別，因此，那種以傳統、陳腐觀點來論人的方式是非常可笑的。

目前，社會上出現許多白領女性和企業女強人，她們的才智和能力，其實一點也不比男性差。

有一個最新鮮的例子說明了這點。

一九九九年上半年，全球排名第二、第三的電腦製造商惠普公司和康柏公司，因爲各自不同的原因，都出現了總裁職位空缺、群龍無首的局面。於是，這兩家大公司都分別派出得力人馬，在美國所有的科技公司中覓尋適當人選。最後，康柏起用了內部的一個董事，而惠普卻出人意料地從外面請來了一個女總裁。

惠普可是一個年營業額超過四〇〇億美元的大公司，可是董事會卻勇於把它交給了一個女性掌管。那麼，你還有什麼理由懷疑婦女的能力呢？

厚黑智典

美國商人總是隨時汰換過時的機器，卻不願更新過時的觀念。

——美國商人葛瑞斯

如何用「酒杯」釋掉部屬的「兵權」

對於那些有野心、威脅到自己地位的人，要及時地警告，給他下馬威。當他一露出端倪，你就要提防他，甚至寧可不用。

用人要有容人之量，但也要有護身之法。

由於在用人之初，領導者求賢若渴，往往對人才缺乏全面性的鑑識。譬如，只注意到了才幹，而忽視了內在的品行和野心，待到日久之後，才驀然發現這個昔日自己一手提拔的人，已變得不那麼尊重自己，甚至驕縱放肆，不把自己放在眼裡了；或者另走「高層路線」，想要取代昔日器重他的自己；或者他暗中結黨拉派，勢力對自己的地位構成嚴重的威脅。

面對這種情況，你該如何應變呢？

我們先來看一則「杯酒釋兵權」的歷史故事。

大宋王朝的開國皇帝趙匡胤「陳橋兵變」後取得了政權，天下大勢也趨於平穩。但他依然食不知味，夜不能眠。

他憂慮些什麼呢？原來，他憂慮自己身邊有那麼多手握重權和兵權的人，說不定什麼時候，他們的下屬也會如法炮製，演出「黃袍加身」的戲碼。於是，他殫思竭慮，並聽取大臣趙普等人的意見之後，做出了「杯酒釋兵權」的決定。

在一個月色皎潔的晚上，宋太祖趙匡胤把石守信、王審琦等手握兵權的大將們召至皇宫裡飲酒。酒酣耳熱之際，趙匡胤說道：「我今天能夠得到江山，安穩地坐在這兒，全都是依靠你們的力量和功勞啊！你們的恩德，我將永遠銘記。然而，我現在的日子卻不好過，差不多沒睡過一夜安穩覺。」

周圍的重臣急忙詢問原因。趙匡胤過了好一會兒，才意味深長地回答：「這不奇怪啊，我的這個位置，誰不想坐呢？」

衆人聽了大驚失色，連忙叩頭跪首：「陛下爲什麼說這些話呢？現在天命已定，誰敢違抗天命反叛皇上呢？」

趙匡胤知道他們上鉤了，接著說：「你們都忠誠於我，不會有野心，這我知道，但是你們手下的人貪圖富貴，一旦把黃袍也加在你們的身上，那時即使你們不想做皇帝，能辦得到嗎？」

功臣們聽了這一番話，個個魂飛天外，皇帝懷疑他們將來可能會謀反，這可是誅滅九族的大罪！於是，這些功臣們一個個哭泣著說：「皇上，我們對你的忠心唯天可表，我們只求陛下給我們指示一條出路。」

趙匡胤一看時機已成熟，就說：「你們看，人生百年，就像白駒過隙，轉眼即逝，你們何不多過幾天吃喝玩樂的舒服日子？戎馬一生已經夠辛苦了，何不放棄兵權，回家鄉做個悠閑官兒，快快樂樂的？這樣，君臣之間也免去互相猜疑，上下相安，你們以爲如何？」

功臣們一聽，心裡安定了下來，紛紛叩頭謝恩。於是，第二天，這些將領們都以自己年老有病爲由，請求皇帝解除他們的兵權，一個個告老還鄉了。宋太祖也就藉機把所有的軍隊抓在自己手中。

宋朝三百多年間，雖然因爲腐敗無能，招致外敵入侵，但在內部卻沒有發生像前朝那種「藩鎮割據、諸侯弄權」的現象，這不能不歸功於宋太祖「杯酒釋兵權」的高招。

對於那些有野心、威脅到自己地位的人，特別是在你手下一站穩腳跟，便不安好心，常常越過你，和你的上級套交情的那種人，要及時地警告，給他下馬威。當他一露出端倪，你就要提防他，甚至寧可不用。

因爲，這樣的人，他向上發展不是爲了工作，而是爲了往上爬，爲了自己的一己之利。你如果任其自然發展，一旦他爬上高位，對你也不會有感恩心理，有時候，他爲了再向上爬，還說不定會反過來踩你幾腳。

厚黑智典

最成功的生意人，就是緊緊捉住舊東西，直到它不再適用，並且在新事物出現時能立刻把握的人。

——凡德普

為什麼下屬會頂撞自己？

當下屬頂撞自己時，不管自己有無道理，也不管下屬表情怎樣，是言辭激動、還是冷言惡語，一定要克制自己的情緒，保持洗耳恭聽的態度。

領導者與下屬在公眾場合吵架，是最愚蠢的事。

遭遇下屬頂撞，是許多管理者常常遇到的難題，當你的下屬頂撞你甚至公然和你對抗時，一定要用理智、清醒、冷靜的態度來處理。因爲，這不只是你和下屬兩人之間的問題，辦公室內還有很多雙懷著異樣心情的眼睛，正緊盯著你。

你首先要搞清楚的是，爲什麼下屬會頂撞自己？

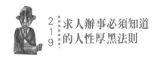

如果是因為工作上，自己的看法和態度不對，而頂撞者的意見有可取之處，你應當以寬廣的胸襟和誠懇的態度，主動接受他的意見。切記，不可明知道自己不對，還要仗著職權盛氣凌人，不把下屬放在眼裡。

如果頂撞者是錯誤的，是受了蒙蔽或誤解，你也不能因為自己正確就任意加以訓斥，而是要曉之以理、動之以情，耐心地就問題進行說明和解釋，讓頂撞自己的下屬心服口服。

身為一個領導者，你要謹記在心的是，當下屬頂撞自己時，不管自己有無道理，也不管下屬表情怎樣，是言辭激動、還是冷言惡語，一定要克制自己的情緒，保持洗耳恭聽的態度。

千萬不能針鋒相對、毫不相讓，或逞一時之氣進行報復、還擊，把事態鬧到不可挽回的地步。

不管下屬再怎樣暴躁，只要他是為了工作，你就應該採取欣然接受的態度。如果他是錯的，待他怒火漸息之後，他就會清醒和悔悟。

這樣寬容大度的處理方式，絲毫不會損害一個領導者的威信，反而只會進一步

增加下屬對你的敬意。

當然，頂撞上司的下屬當中，也有一些並不全然是爲了工作，而是挾著某種目的而藉機找碴。

對待這種存心刁難、瞎頂亂撞、進行挑釁的下屬，你當然就不能讓步，而應該義正嚴辭、光明磊落地對他進行批評，必要的時候，還要利用自己手中的權力，迅速做出處分。

厚黑智典

最難能可貴的，不是在我們扯大嗓門說話時，而是我們最沈默的時刻。

——尼采

要爭天下，必先爭人

爭天下必先爭人，而人才的來源除了要自己努力培養外，還要把眼光放在外面，從外地引進和挖掘人才。

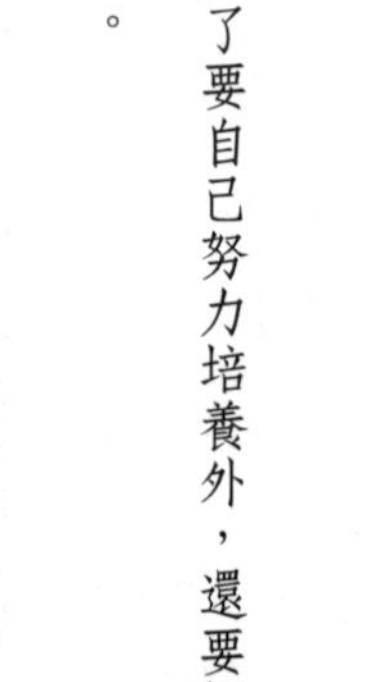

不要問你的部屬從哪裡來，只問他的腦海裡有沒有才智。

許多企業，尤其是一些區域性的中小企業，由於受到生產基礎和區域意識的束縛，用人往往帶有很大的侷限性，受著「一方水土養一方人，一方水土用一方人」狹隘觀念的影響，很難突破地域的限制。因此，在市場經濟的浪潮中，很多以前風光一時的企業都紛紛銷聲匿跡了，成功地迎接市場挑戰的卻是少之又少。

在企業起步之初，生產的環境會決定它的用人原則，但是，企業要有遠大的發展，想要成爲現代化的企業，就必須突破親情的用人觀，更廣泛地尋找人才。

中國大陸頗負盛名的「紅豆集團」，正是基於這種人才戰略的思想，組織了「人才開發小組」，奔赴中國各地的人才交流中心，足跡遍佈十九個省市自治區。不僅如此，「紅豆集團」還把求賢的眼光瞄準了台灣和海外的一些國家，先後聘請了台灣的襯衫專家蕭文烽和日本西服技師加藤先生，擔任技術指導，並以百萬年薪聘請四十五歲的加拿大籍華人陳忠出任集團的總經理。

正是因爲紅豆集團的用人原則打破了地域和親情的限制，不拘一格地任用人才，才使得人才願意爲其服務。

爭天下必先爭人，而人才的來源除了要自己努力培養外，還要把眼光放在外面，從外地引進和挖掘人才。

在人才開發方面，就地取才畢竟有很大的侷限，而引進人才卻靈活、快捷得多。某家以生產微波爐著稱的公司總裁也持這種觀點。他認爲，士爲知己者死，企業發展必須靠大家共同努力，沒有人才就沒有一切。

人才不應有「本地」與「外地」之分，只要是人才，不管他來自哪裡，都可以任用。如果有區域劃分的現象，首先應懷疑的是，這個企業的用人機制出了問題。

無論是引進的外地人才，還是自我培養的人才，應該在公平競爭的原則下，評定能力和貢獻大小，誰能勝任就用誰，這才是用人公正、公平、公開的具體表現。

但是，即使這種簡單的道理，在現實生活中卻並不是所有人都能做到的。

當然，有些公司因語言和社會關係上的需要，不得不列出侷限性的要求，但也有公司是從不信任外人的角度來考慮問題。

「外國的月亮並不一定比較圓」，在引進人才上也是一樣，千萬不能因噎廢食。引進人才是必要的，但一定要在充分調動、挖掘和發揮已有人才的基礎上進行。否則，即使引進了許多外地的人才，也只會造成新的人才浪費。

厚黑智典

每個人的頭腦都處於冬眠狀態，直到被強烈的慾望和執行這個慾望的決心喚醒為止。

——羅柏滋

想辦法把障礙變階梯

艾柯卡就任總經理的八年裡，為福特公司淨賺了三十五億美元的總利潤，在該公司的歷史上留下最輝煌的業績，年薪也高達三十六萬美元。

成功的人士並不在於握有一手好牌，而在於把一手壞牌打贏。

李．艾柯卡，一九二四年十月出生於美國賓夕法尼亞州艾倫敦，父親是義大利移民。從小，他就受父親影響，認爲能通過冒險獲得成功的道路就是經商。

他剛進入福特公司時，被分配當一名見習工程師，但他渴望從事行銷工作，喜歡和人打交道。

一九五六年，艾柯卡被擢升爲費城地區的銷售副經理。這一年他大膽地提出了「給五六年新車付五六美元」的銷售計劃，即客戶購買一九五六年福特公司的新車，可先付八〇%的款項，剩下的每月付五十六美元，三年還清。

這種銷售方式幾乎人人都能接受，因而大大地刺激了市場需求。不到三個月，費城地區的銷售量從全國的末位一躍成為首位。後來，這項計劃成爲福特公司全國性銷售策略的重要模式，艾柯卡也榮昇爲華盛頓地區的銷售經理。

一九六〇年，年輕有爲的艾柯卡擔任了福特公司轎車部的總經理。接著，他推動了式樣好、性能強、價格低的「野馬」牌轎車的生產和銷售，結果這一仗又使他大獲全勝。

一九七〇年，艾柯卡再一次榮昇，成爲福特公司的總經理。在他就任總經理的八年裡，爲福特公司淨賺了三十五億美元的總利潤，在該公司的歷史上留下最輝煌的業績，年薪也高達三十六萬美元。

但成功往往招來嫉妒。一九七八年七月，福特二世解除了他的總經理職務，同時答應發放一〇〇萬美元的退休金，條件是——他不得再受聘於其他公司，因爲他太厲害了。

但艾柯卡不爲這一〇〇萬動心，更不願向一些小人低頭。這時，國際造紙公司等多家公司前來聘請他，他都謝絕了；紐約大學商學院等三四所學校來聘請他擔任院長，他也婉拒了。因爲他很清楚，自己的長處在汽車上。

於是，當深陷危機、瀕臨破產的克萊斯勒汽車公司董事長來聘請他時，他欣然接受了，並立刻走馬上任。因爲，在他看來，這不僅是向福特公司進行挑戰的機會，也是對自己進行挑戰的機會。

他上任後就宣稱：公司起死回生之前，他的年薪只要一美元。從此，艾柯卡開始了「通往頂峰之路」的跋涉，並展示了本身管理和用人方面的非凡謀略。

厚黑智典

大石擋路，弱者視為前進的障礙；勇者視為前進的階梯。

——俄國詩聖普希金

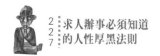

不要亂喝「迷魂湯」

任何一家公司，都不會告訴別人自己真正的實力和背景，為了獲得商業利益，通常只會揀好聽的說。

上司的承諾不能輕信，同事對你的承諾，你也大可以不必當眞。因爲，一個部門空出了肥缺，大家都會去爭、去搶，自然會形成競爭局面。

無論是在戰場、情場或是商場，任何人都很難一帆風順，現實生活中，爲了某種利益而大動干戈的例子實在太多了。

爲了長遠的利益考量，平時跟同事相處就要稍加提防，不要將懷有某種目的的奉承當成是眞話，比如，下面這些話千萬不可輕易相信。

「我眞的很相信你。」

「你是我最知心的朋友。」

「讓我們同舟共濟吧。」

即使對部屬，也得加以留意。

部屬肯定不會當面說你的壞話，他們除了做好分內的工作外，必要時會給你戴幾頂高帽子，再灌上幾碗迷魂湯，就不怕保不住飯碗了。因此，他們的奉承話你最好不聽。比如：

「我只願意爲你一人服務。」

「我不願跳槽，就是想一直爲你效勞。」

「如果你不在這家公司，我早就辭職了。」

此外，和其有些公司的對外宣傳用語，聽了之後也應該在心裡打點折扣，因爲，有的公司爲了使外人建立信心，常常會大放厥詞。如：

「本公司一向把誠信放在第一位。」

「我們是完全有把握圓滿完成這項工作，所以才敢接下來。」

任何一家公司，都不會告訴別人自己眞正的實力和背景，爲了獲得商業利益，通常只會揀好聽的說。

因此，公司的對外宣傳話語是不能輕易相信的，除非你對這家公司十分瞭解，否則，還是寧可持保留態度，多做些深入的調查再說。

厚黑智典

每個人在二十五歲的時候，都具有某些才能，但是困難的是，如何在五十歲還能保有這些才能。

——法國畫家E・竇加

PART 7

充分授權給你信任的下屬

責任和權力是一對不可分離的孿生兄弟，

領導人要使部下對工作負責，

就得給他應有的權力，

這不僅是對他的信任和尊重，

更是讓他開展工作的主要條件。

「以敵為師」沒什麼不好

用人的時候，千萬不要存有「敵我」意識，也不要老是顧守著自己的立場，一味地用狹隘的眼光去衡量一個人。

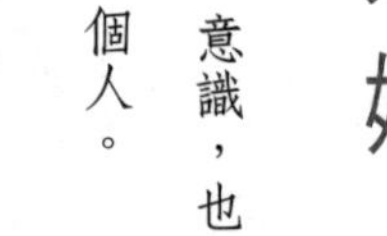

二次世界大戰結束後，美國的用人觀念不僅遠遠超過了敵我的界限，而且還超越了國家的界線。

當時，德國法西斯被打敗了，美國和蘇聯的軍隊都開進了德國本土。蘇聯進駐德國之後，忙著把德國的工廠、機器和各種設備，像搬家式地用火車一車又一車地運回本國，而美國人卻棋高一著，只是忙著到處網羅德國的科學家，並把他們帶去美國。

雖然，美國人知道這些人曾爲納粹德國製造了許多的先進武器，對盟軍造成很大的死傷和損失，但他們仍給這些「戰俘」各種非常優厚的條件，鼓勵和支持他們繼續從事科學研究。

正是因為這種信任、這種胸襟，這些科學家為美國戰後的科學技術事業發展做出了卓越貢獻。

反觀蘇聯，得到的卻是幾年後就變成一堆破銅爛鐵的東西，為什麼？一是蘇聯沒有美國的這種戰略遠見；二是即使有，也不會放手大膽地使用這些「敵人的科學家」。殊不見，在「政治大整肅」時期，他們連自己培養的科學家都遭到迫害呢！

美國網羅德國科學家為自己效力的例子，給我們的啓示是，用人的時候，千萬不要存有「敵我」意識，也不要老是顧守著自己的立場，一味地用狹隘的眼光去衡量一個人。

美國著名的管理學家彼得．杜拉克曾經說：「倘要所用的人沒有短處，結果是至多只是一個平凡的人，所謂樣樣皆能，必然欠缺多多。才幹越高的人，其缺點往往也是越明顯。有高峰必有深谷，誰也不可能是十項全能。」

的確，現實生活中，人往往瑕瑜互見，如果你能不拘一格地用那些有缺點和那些勇於探索、不怕犯錯誤的人，充分利用他們的優點，便會使他們感受到你的尊敬和信任。如此一來，他們在今後的工作中，也才會自我激發起創造性，努力創造更加突出的成績。

厚黑智典

如果一個新點子在開始之初，聽起來一點都不瘋狂，那這個點子鐵定毫無希望。

——愛因斯坦

敬業是最寶貴的資產

敬業是良好人際關係的基礎，而良好的人際關係又會幫助你獲得更大的業績，使你成為一位成功人士。

有的人充滿敬業精神，任何事情上司一交辦就廢寢忘食，日夜苦幹。但有的人則不然，需要經過培養和鍛鍊，才會激發敬業精神。

假如你缺乏敬業精神，就應趁年輕時強迫自己敬業，以認眞負責的態度做好每一件事情，經過一段時間的自我磨練，敬業就會成爲你的習慣。

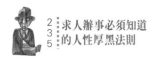

把敬業變成了習慣，或許並不會爲你帶來立竿見影的好處，但可以肯定，把「不敬業」當成習慣的人，成就絕對有限。

因爲，他懶惰、鬆散、毫無責任感的態度，已經深入到他的內心意念，做任何事都會有「隨便做一做」的直接反應，結果可想而知。

如果到了中年，做事還是如此馬馬虎虎，一生的境況還能好到哪裡去？

因此，從短期來看，「敬業」是爲了對僱主有所交代，但是，從長期來看，其實是爲了自己日後預作準備！

敬業的人會爲自己帶來許多好處：

——容易受人尊重，就算工作成效不怎麼突出，別人也不會去挑剔，甚至還會受到你的影響。

——容易受到提拔，老闆或主管都喜歡敬業的人，因為這樣他們可以減輕工作壓力，你越敬業，他當然越高興。

日本作家島川男曾經勉勵世人說：「人本來就是必須接受磨練，才能變得更加成熟，更能成長。」

在這個「裁員滾滾」的年代，你千萬不要對目前的工作敷衍了事，更不要因爲不喜歡現在的工作就得過且過混日子。

應該趁此機會磨練、鍛造自己，培養自己的敬業精神，因爲你日後就會體會到，這將是你的一筆寶貴的資產。

必須記住，敬業是良好人際關係的基礎，而良好的人際關係又會幫助你獲得更大的業績，使你成爲一位成功人士。

厚黑智典

別往後看，那既無法讓你回到過去，也不能滿足你的白日夢。你的責任、報酬和命運，都取決於此時此刻。

——哈瑪紹

你的主管只是一台影印機？

複印本型的人就是缺乏這種創新能力，一旦你選擇這種人當主管，就註定自己的事業將會落後別人好幾倍，而且差距會越拉越大。

一個精明的領導人，絕對不要選「複印本型」的人作主管，他非但無法完成你交付的重要使命，還會拖垮整個團體。

因爲，這類人對自己的上司唯命是從，以上司的是非爲是非，從平時的生活到工作的言行都以上司爲範本，既沒有自己的主見，又沒有自己的風格。沒有現成的模型，他就什麼都做不成。

這類人簡直是別人的複印本，往往不會有創造性的表現，對於新事物、新觀點也接受得很慢，有時甚至毫無反應。

這種人墨守成規，實際情況發生變化時，他不知道靈活應變，只會搬出過去的經歷，試圖從中尋找根據。

世界上的事物往往瞬息萬變，但這種人總是習慣「以不變應萬變」，因此，他們根本難以面對新情況、新問題。

而且，這種人缺乏遠見，也沒有多少潛力可以發揮，發展受到相當大的侷限，很難加以超越這個侷限。

複印本終究沒有原本清晰，這種人即使被選爲接班人，最多只能做到東施效顰的地步，將公司的發展大任交給這類人操控，很難出現突破性的進展，甚至很快就喪失競爭優勢。

儘管有不少愛慕虛榮的上司，樂於見到自己成爲下屬模仿的對象，而對這類人勉勵有加，不斷地拔擢，但是，眞正想在事業上有所作爲的領導者，是絕不會選這種人作爲主管的。

當今時代是一個十倍速變化的劇烈競爭世界，管理經營的手法、方針也需要隨時隨地改變。

但是，複印本型的人就是缺乏這種創新能力，一旦你選擇這種人當主管，就註定自己的事業將會落後別人好幾倍，而且差距會越拉越大。

到時候，你只能等著承擔失敗的苦果。

厚黑智典

一個普通人只能做出規規矩矩的東西，只有非凡的天才，才能創造出新事物。

——法國文豪雨果

努力不等於效率

蜜蜂型的人常常是該辦的事情沒辦，不那麼緊迫的事情卻優先辦好了。而且，這種人大都認為勤奮就是效率，這也是他們致命的弱點。

有種蜜蜂型的人非常勤奮地工作，每一天都有忙不完的事情。上班時最早到公司，而下班時，別人都走了，他還在埋頭工作，似乎不知疲倦，如同蜜蜂一樣，整天忙忙碌碌的。

對於這種人的工作態度和工作熱情，本來無可非議，問題是，一旦你選這種人做主管，將會產生許多負面的效果。

因爲，這種人做事不分先後、不分輕重緩急，只知道見工作就做，卻不知怎樣做會更爲合理、更有效率。因此，常常是該辦的事情沒辦，不那麼緊迫的事情卻優先辦好了。而且，這種人大都認爲勤奮就是效率，這也是他們致命的弱點。

身爲一名公司的主管，應該把精力集中在經過努力就能獲得突出成果的重要領域中去，自己全神貫注去做最重要的事情，次要的工作完全可以交給別人去做。

集中精力是提高效率的關鍵，只有當他認識到集中精力去辦一件事的重要性時，才能做出成果，才不會再爲次要的問題而分散自己的精力。

問題是，要蜜蜂改變自己的習性是很困難的，一旦你尚未確定他已經改變之前就選用這類人作主管，你的公司將會處於紊亂的無政府狀態，甚至會使你辛苦建立起來的基業在轉瞬間崩潰。

厚黑智典

不工作的人無法冷靜思考；缺乏積極行動的思考，則會變成一種疾病。

——亨利．福特

他為何願意拍你的馬屁？

人人都知道拍馬屁不好，然而，一旦馬屁拍到自己身上，要拒絕可真不容易，因為這些人都是專揀最好聽的話，針對你的優點來誇獎你。

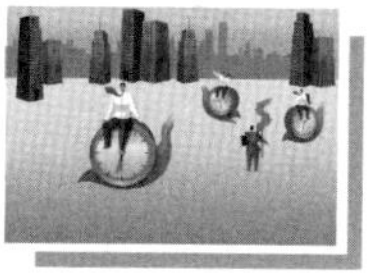

每一個領導者身邊，總難免會有幾個愛拍馬屁、專門阿諛奉承的人。表面化的討好，通常容易識別，但也有一些手段高明的人，會使你在不知不覺中就接受了他的吹捧，上了他的圈套，渾身飄飄然。

例如，在一次檢討會議上，一個下屬站了起來，說要對主管的一個嚴重缺點進行批評，全場的氣氛一下子被他弄得緊張起來，因爲這種會議一向都是照本宣科，從沒有人當眞過。

只聽這個下屬說：「主管的最大缺點是一工作起來就廢寢忘食，不會好好愛惜自己的身體。」

天啊，這樣的缺點誰不愛聽？不用說，這個主管聽了不禁笑瞇瞇的，而這個高明的馬屁精目的也自然達到了。

可是，眞正心中有數的領導人都明白，這樣的話事實上是一顆裹著糖衣的毒藥。因此，他們對這樣精於馬屁術的人採取的對策就是一笑置之，或者乾脆不用。

日本住友銀行有一次招考新行員，總裁崛團出了一道考題：當住友銀行的利益與國家的利益發生衝突時，身爲公司的一員當如何辦？

許多應考者都回答道：「當然是爲住友的利益著想。」

另有一些人答：「應該先爲國家的利益考慮。」

此外，還有另外不同的答案：「當國家利益和住友利益不能同時兼顧時，我們就不要染指。」

結果，崛團錄取了做第三種回答的人，因爲他認爲這種回答有遠見卓識。至於回答以住友利益爲重的，顯然是出於「拍馬和討好」的考慮，而回答第二種者，又未免過於迂腐。

另外，還有一則流傳甚廣的笑話說，有個人在自己的老師面前表示，他準備了一百頂「高帽子」要送人。老師聽後極爲不悅，責備說：「你是讀聖賢書的人，怎能做這種不正當的事呢？」

學生一見老師不高興了，趕忙見風轉舵，欠身說：「要是世界上的人，個個都像老師您一樣清正、剛直就好了，我也就用不著走這邪門歪道了，可惜這樣的人天下有幾個呢？」

言畢，學生抬頭看看老師的臉色，發現老師的態度已經緩和愉快多了，於是對老師說：「我的高帽子又送出去一頂了。」

這個故事說明，人人都知道拍馬屁不好，然而，一旦馬屁拍到自己身上，要拒絕可眞不容易，因爲這些人都是專揀最好聽的話，針對你的優點來誇獎你。

那麼，面對這些人，你該怎麼辦呢？

首先要明白的一點是，這種人之所以願意拍你的馬屁，是因爲他看中了你手中的權力，對你有所求，而且，這個「所求」又不是那麼光明正大，或是他不應該得到的，所以他才會極力來討好和巴結你，揣摩你的心思來博取你的歡心。

其次是，你要養成多聽反面意見的習慣，一聽到讚揚的話，就要心生警惕，謹防對方藉此換取什麼好處。你也可以採取置若罔聞的方法，讓那些好話儘管說，你都不放到耳朵裡去。

總之，對於那些善於逢迎拍馬之輩、善於窺視和揣測別人心思的人，你要十分警惕，他們對你的媚諂不是出於他們的眞心，而是羨慕你手中的權力，對他們一定不可太過信任。

厚黑智典

對人最有幫助的莫過於良師益友，世間最有害的，莫過於狐朋狗黨。

——印度作家瓦魯瓦爾

如何對待愛刁難部下的下屬

面對這種愛刁難人的部屬，你應該找機會讓他嚐嚐苦頭，他才有可能改變，認真確實地為自己辦好交付的事項。

有些身爲中層幹部的下屬什麼都好，就是有一個壞習慣，對人十分挑剔，尤其喜歡刁難自己的下屬。

說他錯，又不完全錯，因爲他確實是在權力範圍內行事，而且也沒有違反規章制度。說他對，又顯得不近人情，因爲他對手下一點都不通情達理。

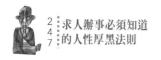

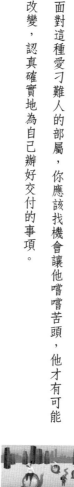

面對這種愛刁難人的部屬，你應該找機會讓他嚐嚐苦頭，他才有可能改變，認眞確實地爲自己辦好交付的事項。

斯特是一家公司的一個小主管，他在技術方面非常熟練，但有一個很大的缺點，就是對於下屬所提的要求，哪怕是合理的，也要刁難、耽擱。

有一次，一個下屬因身體不舒服要求請假，但斯特就是不准，對他說：「你忍耐一下，不就挺過去了。」

結果，導致這個下屬因延誤了治療時間而多花了不少冤枉錢，因此，部屬們對他很有意見，並向公司的總經理反映他的行爲。

總經理了解後，覺得斯特有點過分，於是準備找個機會教訓他一下。

機會終於來了。有一天，斯特駕駛公司的車子出外，在路上，卻因爲不小心而撞傷路人，被警察拘留，警察要他立即拿出一大筆款項，作爲傷者的醫療費用擔保和違規罰款。

本來，公司的車輛有保險，費用只要公司總經理簽個字，臨時支用一下就行。結果，斯特打電話到總經理秘書那兒，總經理知道後，卻一反平素關心下屬的常態，告訴秘書說：「妳跟斯特說，總經理正在參加一個非常重要的會議，不能受到打擾和脫身，請他忍耐一下，挺過去。」

於是，整整一個下午，可憐的斯特就只得待在拘留所裡，望眼欲穿地等待公司的人來。直到夜幕降臨，總經理總算簽字辦理這件事，斯特這才得以被釋放。

斯特回到公司了解整個情況後，再回憶秘書傳達總經理的「忍耐一下挺過去」的話，頓然醒悟，原來總經理不是不關懷他，而是有意讓他反省。

從此以後，他便完全改變自己，只要下屬提出的要求合情合理，他就會以最快的速度來辦理。

厚黑智典

判斷力就像是手錶，每個人的手錶時間不盡相同，但大家都相信自己的時間才是正確的。

——英國詩人波普

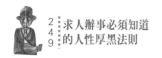

你敢用比自己能力強的人嗎？

艾柯卡被克萊斯勒的誠意打動了，於是走馬上任，出任公司董事長兼總經理。在艾柯卡帶領下，克萊斯勒最後終於走出困境。

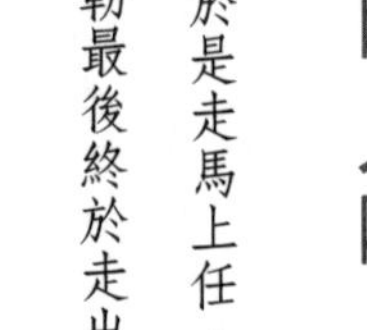

敢用能力超過自己的人，其實是一種自信的表現。

美國汽車界傳奇人物艾柯卡「反敗爲勝」的例子，正好能從正反兩方面說明敢不敢用強人的不同效果。

福特汽車公司是美國汽車業的佼佼者，曾經在美國三大汽車公司中排第一。福特公司的董事會一直爲福特家族把持，而高級管理階層則由一批管理精英構成。由此，我們可以想像，一個家族外的人，能夠擔任像福特這樣巨型公司的總經理，才華是多麼的出衆。

然而，福特歷任總經理之中，除了麥克拉瑪拉自動辭去總經理職務，受總統邀請出任國防部長外，其餘的總經理幾乎沒有一個善終。他們在總經理座位上沒有坐幾年，便會因爲各種理由而被炒魷魚或被迫辭職。

後來，這個命運也降臨到艾柯卡身上了，他被福特二世解除總經理職務，只在福特公司裡面掛一個虛職。

艾柯卡在他的自傳中《反敗爲勝》，批評亨利．福特二世的用人術說：「他不能容忍比他強的人，否則輿論會說福特公司是靠外族人支撐起來的。」

艾柯卡是一個美國汽車工業界傑出的管理專家和營銷大師，他曾經一手推出幾種極爲暢銷的車型，並且進行了極爲成功的廣告策劃，把福特公司的銷售業績推向戰後的鼎盛階段。

顯然，艾柯卡的聲譽蓋過了福特家族的繼承人，以及代表家族在公司秉掌最高權力的亨利．福特二世。這使得福特二世很不舒服，越看越覺得艾柯卡不順眼，而把他的能力和功績完全忽略了。

此外，福特公司的高級主管，有事都跟艾柯卡商量，並且跟艾柯卡關係很融洽，更使得福特二世頻起疑心，認爲艾柯卡在公司內部搞派系，嚴重威脅了福特家族在公司的地位。

福特二世把艾柯卡趕出公司決策層的消息，在美國產業界引起極大的震撼，震動最大的，要算底特律三大汽車公司。

通用汽車公司處於老大地位，雖然不至於把艾柯卡挖去，卻在心頭長長地吁了一口氣。克萊斯勒在三大汽車公司中敬陪末座，當時正處於營銷困境中，產品大量積壓，沒有任何一種暢銷車型。

克萊斯勒董事會爲此召開緊急會議，以董事長和總經理爲首的董事會成員力主聘請艾柯卡。

但誰都知道，要把福特公司的前總經理挖到規模小許多的克萊斯勒，是不能屈就他的，至少也應該讓他出任總經理。這時，克萊斯勒公司董事長做出一個驚人的舉動，表示要把他的董事長職務也一併讓出來。

艾柯卡被克萊斯勒的誠意打動了，於是走馬上任，出任公司董事長兼總經理。

在艾柯卡帶領下，克萊斯勒最後終於走出困境，不但償還了鉅額債務，公司盈利狀況也日漸進入佳境。

福特公司老闆因爲容不下強人，公司營運每況愈下，而敢用強人的克萊斯勒則業績蒸蒸日上，兩者形成了鮮明的對比。

厚黑智典

唯有能力才足以與人抗衡，軟弱的人連被人擊敗的機會都沒有，弱者生來就註定被征服。

——史薇沁

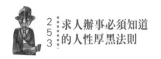

充分授權給你信任的下屬

責任和權力是一對不可分離的孿生兄弟，領導人要使部下對工作負責，就得給他應有的權力，這不僅是對他的信任和尊重，更是讓他開展工作的主要條件。

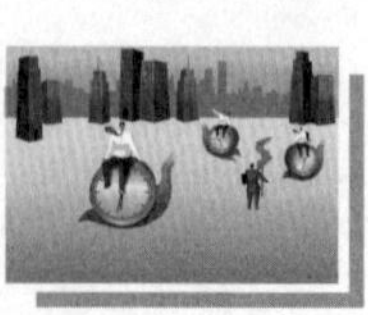

權力就像一條河流，不向下流動就會變成一潭死水。

任何一個企業都有一定的組織架構，不同層級有不同的領導層。但，不論如何，在每個領導層中都要職務、職責、權力三者統一，使具有一定能力的人擔任相應的職務。同時，對這一個職務還要有相應的責任，並賦予相應的權力。

企業的領導者，能否集思廣益，激發每一位下屬的積極性，關鍵就在於能否放手使用他們，能否充分授權，讓下屬們有權、有職、有責。

如果讓下屬們能感到你放手讓他們工作，讓他們在權力範圍內自主地解決問題，就會激發他們對公司的責任感。

日本最大電器企業松下公司的創建者松下幸之助認爲，個人的才幹與能量都是有限的，只有讓每個人各司其職，充分施展才能，公司的管理才能健全運轉。因此，從創業之初，他就對所屬部門進行授權，把公司的管理按適當的規劃，分爲一個個相對獨立的事業部。

松下幸之助說：「公司繁榮時期，主持者應默默坐著，不要干預下面的工作。當遇到困難時，主持者便應親自指揮一切！」

正因爲如此，松下公司的上上下下都能明確自己的職責並努力工作。

要使一個人的才能得到充分發揮，還必須具有一定的條件，如手中有一定的權力、一定的資金……等。因此，對於有才幹的下屬，要想充分發揮他的才能，你就必須充分授權。

美國的IBM公司就認爲，責任和權力是一對不可分離的孿生兄弟，領導人要使部下對工作負責，就得給他應有的權力，這不僅是對他的信任和尊重，更是讓他開展工作的主要條件。

如果領導人做不到這一點，不給部屬任何處事的權力和自由，對他所辦的事情總愛綁手綁腳，你的部下得不到信任之餘，就會變得唯唯諾諾，缺乏工作的主動性和創造性。

因此，在IBM公司，各級都明確地有責有權，上級對下級範圍內的工作和權力從不妄加干涉。

當然，如果上級看到下級在工作中已經犯了明顯的錯誤，特別是這些錯誤可能給公司造成重大損失時，自然不能坐視不管，而要及時地加以指出，幫助他走上正軌，避免蒙受更大的損失，這一點跟充分信任與授權並不矛盾。

厚黑智典

人要學走路，也要學會摔跤，而且只有經過摔跤，他才能學會走路。

——馬克思

和人打交道，要注意禮貌

稱呼上級也要看場合，在正式場合，如開會、與外界接洽、談論工作時，一定要按上司的職務加以稱呼，因為這樣才能突顯上司的權威性和工作的嚴肅性。

文雅的舉止，謙虛的談吐，和藹的容顏，這些都是我們在交際場合中應該具備的。如果你在待人接物中能夠做到熱情而不過分，客氣而不失禮節，那麼，肯定會有很好的人緣，對自己大有好處。

反之，即使是有「理」但是傲慢無「禮」的話，將會對你的人際交往形成障礙，惹出諸多不必要的麻煩。

開始與人打交道的時候，總是以稱呼開始，這既是一個見面禮，也是進入社交大門的通行證。

稱呼得體，可使對方感到親切，交往便有了良好的基礎；稱呼不得體，往往會引起對方的不快甚至惱怒，令自己陷入尷尬的境地，致使彼此的交往受到梗阻，甚至因此而中斷。

有一個故事說：從前，有一年輕人騎著馬趕路，看見一位老漢，便在馬上高喊：「喂，老頭子，離客店還有多遠？」

老頭子回答：「五里。」

年輕人策馬飛奔，急忙趕路去，然而一口氣跑了十多里路，仍不見人煙。他暗想，這老頭子眞是可惡，竟然說謊騙人，非得回頭教訓他一下不可。

他一邊想著，一邊自言自語道：「五里，五里，什麼五里！」

猛然，他醒悟過來了，這「五里」不是與「無禮」諧音嗎？於是連忙撥轉馬頭往回走。

追上老人後，年輕人急忙翻身下馬，恭敬地叫聲「老伯」。話沒說完，老人便說：「客店已走過頭了，如不嫌棄，可以到我家一住。」

這則故事說明了一個道理：見了陌生的長者，一定要恭恭敬敬稱呼，特別是當你有求於人的時候，千萬不能隨便喊「喂」、「嗨」、「騎車的」……等，否則會惹人討厭。

另外，還必須注意看年齡稱呼人，要力求準確，否則也會鬧出笑話。稱呼上級也要看場合，在正式場合，如開會、與外界接洽、談論工作時，一定要按上司的職務加以稱呼，因爲這樣才能突顯上司的權威性和工作的嚴肅性。

厚黑智典

喜歡沒有理論指導而進行實踐的人，就像一艘沒有船舵和指南針的輪船，從不知道要在哪裡拋錨靠岸。

——達芬奇

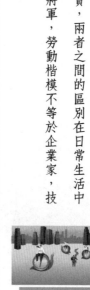

讓腦袋決定位置

功勞與才華是不能混為一談的，其實，兩者之間的區別在日常生活中隨處可見，譬如，戰鬥英雄不等於將軍，勞動楷模不等於企業家，技術高手不等於管理者。

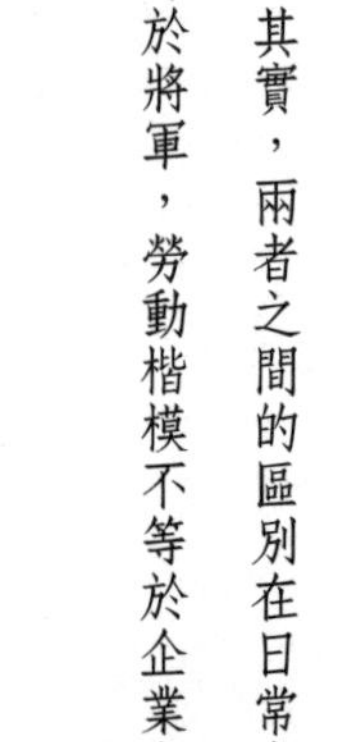

日本經營之神松下幸之助的用人原則是「量材錄用」。意思就是選擇適當的人才，安排適當的位置。他認爲如果能這樣，人盡其才就不難實現，公司也自然會走向興盛之路。

他認爲，用人只要有了六○%的把握，就可以啓用他，因爲一○○%的好事是幾乎沒有的。

但是，原則只是原則，在具體的實踐過程中卻仍有不少困難。譬如有些人，表面上看來能言善道，大道理一條接一條，一旦委以重任，卻無令人滿意的表現。而另一些人，平時似乎缺點不少，也不討上司喜歡，一旦派上用場，則令人刮目相看。

爲了能更有效地避免用人過程中的錯誤選擇，朝著量材錄用、人盡其才的方向努力，在用人方面還應規定更爲詳細的、易於操作的人事制度。

在這方面，松下幸之助做了許多有益的、成功的嘗試，爲我們留下了不少值得借鑑的寶貴經驗。

經驗之一：對有功的人應頒給獎金，而不是地位；地位只可以頒給那些具有相稱管理才華的人才。

功勞與才華是不能混爲一談的，其實，兩者之間的區別在日常生活中隨處可見，只不過我們沒有加以深究而已。譬如，戰鬥英雄不等於將軍，勞動楷模不等於企業家，技術高手不等於管理者。

松下幸之助認爲，只有一種情況除外，就是有功勞的人，同時又具有才華，這種人才能既頒發獎金，又給予和他的才華相稱的權力和地位，否則，就是天大的錯誤。因此，他強調說：「讓一個有功勞的人，留在一個重要的職務上，也同樣是一種錯誤。」

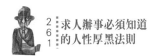

經驗之二：經營者應以員工的才能作為職位選定的主要標準，資歷是次要的。

員工職位的晉升，是人事管理上的一個重要課題，不同的企業有不同的做法，但不管細節如何，總是從才能、資歷、和業績三個方面來考慮的。如果三者一致，則晉升某個員工的決定就很容易做出。但是，更多的時候卻是三者不一致，經營者面對這種情況應如何處置呢？

松下幸之助說：「在理論上，把員工的才能做為職位提升的依據是恰當的，但是，在實行這種量材錄用制度時，往往會受到很多傳統觀念的牽制和阻撓。所以在擢升年輕人時，要特別重視年長者的態度，但又不能因為年長者的妒忌而不敢使用年輕人。」

如果兩人的才能優劣不明顯，就應以年資和業績來擢升員工。這樣不僅可以鼓勵員工長期在公司服務，同時也能刺激員工的工作熱情。提升職位在某種意義上也是對員工努力工作的一種肯定和獎勵，所以，重視年資和業績應成爲公司人事政策的重要內容。

松下幸之助甚至說過：「在提升員工時，審查標準的比率，我認為資歷應佔七〇

%，才幹佔三〇%較為合適。」

提拔過分年輕的人，往往會因爲他們經驗不足而鬧笑話，甚至於會挫傷所有年長者的積極性，這是很危險的。

經驗之三：只要有六〇%的把握，就可以提拔他。

能力與業績、資歷不同，後者是明擺著的事實，而能力則可能因各種條件的限制，不一定能完全表現出來。

松下幸之助說：「人的能力，六〇%也許可以一下子看得出來，但剩下的四〇%，不做做看就不能知道，所以得到六〇分，就算是及格了。」

不過，這個六〇%應該是正確的、可靠的，是從各個方面認眞考察後得出的結論。松下公司常按這個方法來選拔幹部。

松下幸之助說：「如果確信了某人六〇%的能力，便可試用較高的職務。其中這六〇%是判斷，其餘四〇%就是下賭注。」

因爲做事極少有第一次就非常正確的，有時被認爲是恰當的人選，成績並不理想。遇到這種情況，松下公司一般的做法，就是將他調到另一個崗位。

松下公司的許多幹部都是按這種方法選拔出來的，特別是提拔年輕幹部時，這個方法尤爲可行。

因爲年輕人彈性很大，可塑性強，剛提升的時候也許並不理想，由於公司的信任和支持，以及自身的不斷努力學習，在較短的時間內就成長爲不負衆望的領導人，將業務治理得有條不紊。

厚黑智典

愚蠢的堅持是缺乏思慮的產物。因為固執使得偉人也無事可做，還不如去關心投射在牆上的影子。

——愛默生

顧客為何會上第二次門？

很多人以為自己的產品品質好，生意便一定會好不得了，其實這種想法是嚴重錯誤的，最重要的是要懂得「做人的技巧」。

有一位做生意的朋友訴苦說，他開的食品店價廉物美，一度生意很興旺，但是卻不能「留住客人」，客人光顧了之後很少再上第二次門。

聽了他的訴苦，一般人幾乎可以馬上斷定，如果他所言屬實，毛病一定出在他的服務品質不夠好。

顧客爲什麼一定要回頭光顧？

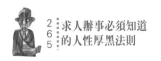

大部分的原因只是他對上次光顧感到「滿意」。

滿意的標準其實是相當主觀的認知，例如，服務人員漂亮不漂亮，態度親不親切，也可以成爲顧客是否樂於一再上門的原因，因此，許多服務業的接待工作都強調要用漂亮親切的「花瓶」。

一般而言，顧客都是「沈默的大多數」，除非他們相當不滿意，否則不會表達他們的觀感。

不過，客觀地分析起來，顧客滿意與否，不外受兩方面的影響，第一是產品好壞或服務品質，第二，更重要的是「人的因素」。

任何顧客購買一件產品或一項服務，首先他會對這產品或服務有所「需要」，然後對這產品或服務有某種「期望」。

但是，一件產品或服務即使千方百計地迎合了顧客的這兩種需求，卻不一定會令他眞正滿意。

他的感覺大概是：既不會不滿意，也不會滿意。

這樣的心理狀況其實很簡單，當顧客購買一件東西的時候，事實上早已預期這件東西或這項服務會符合他的需要，所以一般情況不過是「正如所料」，沒有滿意或不滿意的考慮。

要令顧客眞正滿意，必須是這項交易有令他覺得「超出預期」的地方。要令顧客有超出預期的滿足感，最簡單的辦法就是通過「人的因素」去達到。於此，做人的技巧也就大派用場了。

有位僑居海外的醫學教授，搭乘英國航空公司班機前往曼谷參加一項國際會議，當他抵達曼谷那天，卻發現他的行李竟然被誤送到香港。他第二天必須在會議上發表演說，卻沒有合適的西服可穿，因此急得像熱鍋上的螞蟻。唯一的辦法是立刻訂做西服，要求第二天一大早交貨。

由於英國航空公司得知這個消息後，明快答應支付縫製這套西服的錢，加上接待人員服務態度良好，使得這位醫學教授大感滿意，從此成爲英航的老顧客。

但是仔細想想，這位醫學教授因行李誤送而沒有衣服穿，過錯原本就在英國航空公司，航空公司這樣做，只不過是彌補本身的過失罷了。

這個例子顯示出，產品因素尙不如人爲因素來得重要，即使是產品或服務出了毛病，用人爲因素加以補救，也可以反敗爲勝。

很多人以爲自己的產品品質好，生意便一定會好不得了，其實這種想法是嚴重錯誤的，最重要的是要懂得「做人的技巧」，只有會「做人」的生意人才能令顧客賓至如歸。

厚黑智典

你無法經由按兵不動的防守策略而在世上佔有一席之地，你得藉由攻擊別人並且讓自己熟悉這項技能，方能屹立不搖。

——蕭伯納

國家圖書館出版品預行編目資料

求人辦事厚黑智慧／
王照著. —第 1 版. —：新北市, 前景
民 107.01 面；公分. -（活學活用：02)
ISBN◉978-986-6536-59-5 (平裝)

作　　者　王　照
社　　長　陳維都
藝術總監　黃聖文
文字編輯　盧琬萱・張慈婷
出 版 者　前景文化事業有限公司
行銷企劃　普天出版家族有限公司
新北市汐止區康寧街 169 巷 25 號 6 樓
TEL / (02) 26921935 (代表號)
FAX / (02) 26959332
E-mail：popular.press@msa.hinet.net
http://www.popu.com.tw/
郵政劃撥 19091443 陳維都帳戶
總 經 銷　旭昇圖書有限公司
新北市中和區中山路二段 352 號 2F
TEL / (02) 22451480（代表號）
FAX / (02) 22451479
E-mail：s1686688@ms31.hinet.net
法律顧問　西華律師事務所・黃憲男律師
電腦排版　巨新電腦排版有限公司
印製裝訂　久裕印刷事業有限公司
出 版 日　2018 (民 107) 年 1 月第 1 版
ISBN◉978-986-6536-59-5　　條碼 9789866536595

活學活用

02

求人辦事厚黑智慧